ΣΥΜΠΟΣΙΟΝ

会
饮

Karl Jaspers

Die Schuldfrage

# 德国的罪责问题

〔德〕卡尔·雅斯贝尔斯 著

李慧 译

Karl Jaspers
**DIE SCHULDFRAGE**
Von der politischen Haftung Deutschlands
根据 Piper 出版社 1965 年版译出

# 译者序

## ——一言难尽的雅斯贝尔斯与一体多面的《罪责问题》[*]

《罪责问题》是德国著名思想家、哲学家雅斯贝尔斯所作的一本小书。它首版于1946年,是德国思想界最早探讨与反思本国罪责问题的声音之一,一经出版,便成为这一日益火热话题的引爆点。这本书不仅时常作为引子出现于彼时的各种争论之中,并频频现身于介绍德国人如何生存于第三帝国极权统治之下的材料里,具有很高的文献价值[1]。此外,不容忽视的一点是,《罪责问题》既剖析与反思具体而特殊的历史问题,也阐释作为人类生存体验的普遍意义上的罪责感。这一点使得它与第二次世界大战之后持续至今的德国社会文化乃至世界当代史语境形成密切互动,因而在出版

---

[*] 本书德文名为"Die Schuldfrage: Von der politischen Haftung Deutschlands",可直译为《罪责问题:从德国的政治责任谈起》,为简明起见,中文版书名改为《德国的罪责问题》,下文中简称《罪责问题》。

以来亦受到超越本土范围的持续关注。

任何一位哲学家的思想都无法摆脱其生平的影响，而对任何一位思想家具体作品的理解都不应脱离其诞生的思想与现实语境。本文将分三部分，介绍雅斯贝尔斯其人其思与《罪责问题》一书。考虑到国内学界对于雅斯贝尔斯的生平与作品已有初步译介，本文第一部分在勾勒雅斯贝尔斯生平及梳理其著述的基础上，尤其侧重于展现其人生体验、哲学思想与个人创作之间的内在关联，并在此基础上简单勾勒《罪责问题》所处的宏观思想语境；第二部分介绍《罪责问题》诞生的具体现实背景，以便读者在阅读时可以更加"身临其境"；第三部分则论述文本的核心特征，即德国罪责问题介于特殊性与普遍性之间的张力，并从这一角度出发，对如何看待本书提出一些浅见。

# 一、雅斯贝尔斯的生平与著述

## （一）人生体验与哲学思想

1883年2月23日，卡尔·特奥尔多·雅斯贝尔斯在德国北海海岸附近的奥尔登堡出生，1969年2月26日于瑞士巴塞尔离世。在他的一生中，德国经历了威廉帝国、魏玛共和国、第三帝国、占领军临时政府和德意志联邦共和国五种政体的频繁交迭。与外部形势的动荡形成鲜明对比的是他尽管不乏磨难,但整体而言颇为平稳的人生轨迹。在雅斯贝尔斯堪称幸福美满的一生中,父母首先产生了积极的影响。父亲卡尔·威廉·雅斯贝尔斯曾做过律师、银行经理、州议会议员、市议会议长,每一份职业都兢兢业业、恪尽职守,在孩提时代的雅斯贝尔斯眼中是近乎完美无缺的存在。母亲亨莉特操持家务,养育子女。她不仅性情爽朗,还颇具生活智慧。在雅斯贝尔斯的成长过程中,父母从不强制他做任何事情,而是始终鼓励他独立思考,对事物形成自己的理性判断。[2]双亲以身作则的家庭教育和自由宽容的家庭氛围奠定了他世界观的基础——"对真实的无限追求"[3]与"忽视基督教信仰而不制造冲突"[4]。雅斯贝尔斯不仅在父母创造的成长环境中感受到了充分的尊重,也体会到了无限的关爱,这使得他哪怕自襁褓之中起就处于体弱多病的状态,却依然保有对生活的信心:"即使我的生存已处于十分令人心忧的境地,我的父母也从未丧失信心。他们总是让我感到,生活是何等美好,我不是他们的累赘,而是他们的欢乐。"[5]

这种对人性可靠与美好的深刻体验在雅斯贝尔斯

与妻子的关系中获得了延续与发展。[6] 对他而言，24岁相识，27岁完婚，此后相伴一生、恩爱甚笃的格尔特鲁德·迈耶尔是"伸入这个世界的一只臂膀"[7]。雅斯贝尔斯的最后一任秘书汉斯·萨尼尔认为，假如没有与伴侣之间的这种连接，或许整个《哲学》第二卷中有关交往与爱的内容都不会获得如此深入的阐释[8]。格尔特鲁德对丈夫的生活与工作给予了毫无保留的支持。她时常负责打印雅斯贝尔斯那难以辨认的手稿，在其高效的成果产出中扮演了重要的角色。她也会对丈夫的写作提出自己的看法，在抄本上添加说明，提出问题与修改意见，甚至直接附上一封饱含热情洋溢评价的信，可谓是丈夫的第一位同事。纳粹德国时期，雅斯贝尔斯夫人的犹太身份使得自己以及不愿解除"异族"婚姻关系的丈夫处于极大的生存威胁之中。1941年，雅斯贝尔斯原本有机会前往瑞士巴塞尔大学担任客座教授，但因妻子未获出境许可，他最终拒绝了这一离开纳粹德国的潜在移民可能。为了丈夫的安危，格尔特鲁德曾萌生独自求死之意。对此，雅斯贝尔斯表示，失去妻子，自己绝对无法独活。他称二人的关系为"绝对的休戚与共"[9]。这样的字眼也频繁出现在《罪责问题》中。这一概念指向捍卫人之为人的尊严的先决条件，是形而上学罪责的伦理前提。

如果说亲密关系提供的稳固精神支持是雅斯贝尔斯人生的一块基石，那么始终笼罩在他头顶的死亡阴影则是奠定其人生旋律的一个主音。自襁褓时期起，雅斯贝尔斯便体弱多病。根据十八岁那年的诊断，他患有肺支气管扩张、早期肾炎和心功能不全。在当时的医疗条件下，这意味着患者处于一种随时可能陷入生命危险的状态。自幼孱弱多病的身体使雅斯贝尔斯很早便意识到，他的人生选择时刻受到这具身体的限制，他必须在这种限制中度过自己的一生。大学毕业后，考虑到罹患慢性疾病导致自己参与临床实践的程度有限，他拒绝了海德堡医学院提供给他的一个精神病学教席。纳粹德国时期，在偕妻子移民海外仍有很大实现可能时，他不得不衡量自己的身体状态，并在判定无论如何也无法经受住长途旅行的身体劳顿与精神压力后谢绝了来自巴黎的就职邀约。此外，终其一生，雅斯贝尔斯只接受过极少的公开报告邀请，尽可能避免参加舟车劳顿的学术会议，并不得不因突发的身体状况而临时请假，缺席一些十分重要的事务性场合。作为其哲学思想关键概念之一的"临界状态"（Grenzsituation）[10]刻画的就是这样一种笼罩在个人生存之上的，构成其无法突破之边界的情形。简言之，临界状态所传达的是，现实为诸多可能性所充斥，其中一些是无法摆脱的基本情况,恰恰是身处这些基本情况之中,才会体验和把握到独属于每个个体自己的人生本质,也才有可能借此真正地把握生存。在《罪责问题》中,雅斯贝尔斯也使用"临界"(Grenze)来描述战后德国人面对外界罪责指控与内心罪责感的处境,借此将德国罪责问题置于一种包含了无法摆脱的基本生存体验的哲学语境。

在雅斯贝尔斯的人生体验与哲学思想之间存在一种复调式的深刻关联,前者有着从根基上决定后者的关键意义。雅斯贝尔斯的病体使他长期体验到生存的临界状态,而父母与妻子所提供的基本人际关系体验则令他在自己的生存斗争中始终感知着爱、充盈着爱,使他即便诸病缠身也依然充满自我实现的渴望和实现这种渴望的动力。雅斯贝尔斯在自传中写道:"决不允许疾病借由对它的忧虑而成为生活内容。眼前的任务是,在几乎不对此主动觉察的情况下,既严阵以待,也认真工作,就好像疾病并不存在一样。所有的一切都要据此做出安排,但却不可以受它摆布。[……]疾病导致的后果是一种内在的态度,它决定了我的工作方式。由于干扰和中断长期存在,生活必须聚精会神,才能活出意义。我于是发展出了灵活的学习方式,学会了抓住关键之处,习惯了灵感的突如其来,掌握了飞快写下草稿的技巧。机遇就在于执着的坚持之中,坚持抓住状态良好的每一刻,坚持无论情况如何,都不中断工作。"[11] 这段文字体现出贯穿其一生的基本态度:既要理性地审视包含临界状态之局限的人生,也要以超越的姿态面对这种局限。"理性"在这句话中是指运用理智,条分缕析地认识对象的各个方面,"超越"则指尽管认识的结果必然揭示出现实的局限,但面对眼下看上去无法突破的限制,面对着一时难以有效解决的困难,依然要向着正确的方向努力(至于究竟什么是"正确"的,则涉及雅斯贝尔斯哲学,尤其是政治哲学思想中的伦理主张,本文的第二部分将尝试对此略谈一二)。无论是在其对"生存"(Existenz)的澄明,对"理性"(Vernunft)与"交流"(Kommunikation)[12]的强调,还是对"哲学信仰"(philosophischer Glaube)与"超越"(Transzendenz)的谈论中,都能够清晰地感知到这种"理性与超越"的基调,《罪责问题》也不例外。

## (二)专业哲学家与公共作家

雅斯贝尔斯是一名非科班出身的哲学家。成为哲学家是一条既无心插柳,又严密规划的发展轨迹。自少年时期起,他就时常在孤独中品读哲学名家的著作。

那时虽偶有拜师求学的念头，但却并未付诸实施。大学时期，他曾短暂学习过三学期的法律专业，而后转至医学专业。决心要走上哲学研究之路应当就发生在做出换专业的决定之际。雅斯贝尔斯认为医学和自然科学的专业知识会在职业轨迹和知识结构方面为自己提供深厚的力量，出于这样的考量，他投身医学专业的学习，并在假期着手进行自然科学研究。在于1908年通过国家考试之后，他开始从事心理病理学方面的研究与实践。1913年，雅斯贝尔斯撰写的《普通心理病理学》一书出版，获得高度评价。该书奠定了心理病理学作为一门科学的基本地位，并使雅斯贝尔斯获得了大学执教资格。1919年，雅斯贝尔斯发表《世界观的心理学》，将心理学领域的关注对象、社会学领域的研究方法与哲学式的基础思辨综合起来。这部作品所包含的是"青年雅斯贝尔斯的哲学原初意图"[13]，即人在临界状态中"跃入"真正存在的可能性。它引发了学界的普遍关注，并为雅斯贝尔斯叩响哲学界的大门。在此基础上，雅斯贝尔斯于1920年4月成为海德堡大学哲学系副教授，并于两年之后继任海因里希·迈耶的教授席位。此时的雅斯贝尔斯已年近四十，而他在哲学领域的专业研究之路才刚刚开始。

雅斯贝尔斯自中年起得入哲学学界之山门，而后终其一生不断发展的哲学事业可以按时间大致划分为生存哲学、理性哲学、世界哲学三个阶段。1931年的《时代的精神状况》是一次以哲学方式进行时代诊断的尝试,其中已非正式地使用了"生存哲学"的说法。该作品使他开始赢得公众的关注。1932年,系统阐释其生存哲学学说的三卷本巨著《哲学》奠定了他的学术地位,并使他蜚声国际,成为与海德格尔齐名的德国生存哲学界最著名的代表人物之一。在收到纳粹的出版禁令之前,他还设法出版了《理性与存在》(1935年)与《生存哲学》(1938年)两本小书。在前者中,"理性"概念开始扮演重要角色。后者则已经包含了战后出版的《论真理》中的大部分思想[14]。1948年发表的《论真理》通常被认为是雅斯贝尔斯的学说由"生存哲学"转入"理性哲学"的正式标志。需要明确的是,这一"转入"并不意味着雅斯贝尔斯对之前学说的推翻,而是以此为基础的拓展与对此的重新阐释——1950年时,雅斯贝尔斯本人曾明确表示,人们不应再将自己的哲学理解为生存哲学,而应将其理解为理性哲学[15]。根据雅斯贝尔斯的构想,该书原本应当还包含另外三卷本,分别阐述"范畴""方法"与"科学"三大学说。令人遗憾的是,这一计划未能获得实现。在其身后,人们将自其遗稿之中整理出的相关材料集结成书,以《遗著:哲学逻辑》(1991年)为题发表。而与此相似的仅以局部性成果问世的还有雅斯贝尔斯晚年的"哲学的世界历史"构想。根据已出版的《大哲学家》(1957年)一书与雅斯贝尔斯的遗稿所列出的详细构想,这一庞大的哲学史书写计划至少包含对七大类三十余位思想家的重新阐释。雅斯贝尔斯自1951年前后起间或提及的"世界哲学"这一说法应当就是以这一构想为基础。从在他身后出版的《世界哲学导论》(1982年)中,人们可以一窥其端倪。需要注意的是,尽管可以从其发表中梳理出这样一条线性脉络,并为各个阶段贴上标签,但雅斯贝尔斯的所有著述本质上都是对哲学的"一思再思"[16],是从各个角度出发接近哲学并重新阐释哲学为何与哲学何为的努力。在此背景下,也需要提到《哲学信仰》(1948年)和《对照于启示的哲学信仰》(1962年)这两部作品。二者都以梳理哲学与宗教的边界为出发点来尝试重新定义哲学,是雅斯贝尔斯战后萌生且持续至其晚年的关切之一。在雅斯贝尔斯看来,哲学和宗教是以各自的方式面对"超越"这一命题。了解了这一点,就不难理解为何在《罪责问题》的结尾之处,雅斯贝尔斯的哲学阐释会"突然"汇入对宗教典故的引用与阐发之中。《罪责问题》所提出的四种罪责概念中的形而上学罪责树立的范畴,即是(我们日常理解中的)哲学和宗教的共同关切。

雅斯贝尔斯一生笔耕不辍,著述颇丰。除心理学与哲学方面的学术论文与专著外,他也从这两个视角出发,写作人物传记,如《哲学——马克斯·韦伯》(1932年)、《尼采》(1936年)、《笛卡尔》(1937年)、《谢林》(1955年)等。此外,盟军解放德国之后,在因侥幸存活而萌生的强烈使命感的驱动下,他开始颇为积极地介入政治议题,就德国的内政外交与美苏争霸格局之下的世界形势等问题公开建言发声。这类并非为学术之职业而书写的作品有《罪责问题》(1946年)、《论历史的起源与目标》(1948年)、《原子弹与人类未来》(1958年)、《自由与重新统一:关于德国政治的使命》(1960年)、《希望与忧虑:论1945—1965年间的德国政治》(1965年)、《联邦共和国去往何处?事实—危险—机遇》(1966年)等。恰恰是这些作品使他成为"年轻的联邦共和国中最常被阅读的哲学家"[17]。其中,《论历史的起源与目标》也因提出了著名的"轴心时代"一说而在学界引发广泛关注,使雅斯贝尔斯一跃成为跨文化哲学的先驱。

雅斯贝尔斯的政治性写作与其早期哲学思想一脉相承。他的各种哲学理念都最终导向对个体自由的推崇，而他的政治性写作正是以此为出发点。尤其是对于纳粹专制及其所酿成的灾祸的亲身体验使得他不仅坚定捍卫个人自由与个体多样性，而且尤为警惕混杂在民族国家叙事之中的极端民族主义、种族中心主义的危险影响，警惕国家政治走向极权主义的任何苗头，坚决反对政治生活中的整体化、统一化叙事。此外，雅斯贝尔斯也注意到技术发展使得全球人类的命运已愈发紧密地结为一体，因而格外强调世界和平对于全体人类共同存续的重要意义，呼吁一种能够促进与保障这一目标的世界秩序。可以说，在面向公众的写作活动中，雅斯贝尔斯发展出了自己的政治哲学。他对德国时政的批判性关注本质上是以世界公民的姿态呼唤一种超越国家疆域的政治伦理，一种既看重个体独特性，又强调人类共同性的自由主义-人道主义伦理。在雅斯贝尔斯笔下，德国的未来是人类未来的一部分，对德国现状的审视与批评以对全体人类共同未来的构想为前提。在其政治性写作中，一些以哲学家的方式提出的构想因其过于"天真"而遭到批评。但是，正如雅斯贝尔斯德语全集的编纂者库尔特·萨拉姆恩所指出的那样，如何评价雅斯贝尔斯的政治性作品，在很大程度上取决于我们对政治的理解——它究竟是制约权力团体、平衡现实利益的专业技术，还是服务于社会全员共同发展，因而不应脱离价值判断的崇高事业[18]。在德国现代政治刚刚起步之时，德国学者马克斯·韦伯曾提醒当时的学生们要对过于慷慨激昂地将政治道德化保持警惕[19]。而在德意志大地经历了两次战争的摧残之后，雅斯贝尔斯又以其公共性写作传达出毋庸置疑的一点，那就是政治事务终究离不开价值判断，因而即便不同于道德，也不可能独立于道德。

雅斯贝尔斯晚年哲学思想（即哲学的世界历史与世界哲学的构想）的发展或多或少受到其公共性写作的影响。就其遗稿中的相关表述而言，在某种程度上，"世界哲学"思想是雅斯贝尔斯世界公民理想的哲学化阐释。这一理想在《罪责问题》中就已初见端倪，在后续的政治性写作中则愈发明显地流露出来。同样是在《罪责问题》中，雅斯贝尔斯已流露出对如何实现世界的持久和平状态的关切。此后，伴随着"冷战"格局的形成与原子弹威胁的显化，这种关切不断加深并自然而然地渗入他的时事批评之中。而借"世界哲学"的视域，雅斯贝尔斯再度阐释了没有绝对的普遍真理，只有通过不断扩大的交流，形成超越政治、文化、宗教界限的共识这一理性哲学时期即已确立的主张。这一理念显然是致力于服务他所身处的，同样也是我们所身处的当下。或许在雅斯贝尔斯看来，只有坚持以理性为基础的交流，只有从思想基础上把握这一事实，即所有的文化都在其起源上彼此关联，才能为实现长久的世界和平奠定坚实根基，从而消除核武器这柄高悬于全体人类上方的达摩克利斯之剑所带来的威胁。

第二次世界大战后，世界公民理想不仅在雅斯贝尔斯的笔下与如火如荼的民族主义现实遥遥相对，在其晚年，一个接近这一理想的机会也叩响了他的人生之门。1948年，瑞士巴塞尔大学的哲学系向他发出就职邀请。雅斯贝尔斯接受了这一聘请，并决定与妻子一起迁居当地。这一决定在德国社会引发强烈反响。在整个第三帝国期间，雅斯贝尔斯身处德国，不与纳粹当局合作，从最黑暗的岁月中坚持下来，因而在战后社会享有极高的道德声望。战后积极谋求大学的重建、思想界的重新启蒙等事务又令他在某种程度上被当时的社会视为新德意志精神的代表。这样的一个人却在故土百废待兴之际离开，令人们隐约有一种被抛弃、被背叛的感觉。但是，从雅斯贝尔斯的角度出发，做出决定的缘由又在情理之中：第一，战后三年间"电影明星"般的生活令他疲惫不堪，他企求"逍遥的隐士生活"[20]；第二，逐步了解到大屠杀真相的妻子生活在精神创伤之中，他想要带她远离德国。雅斯贝尔斯在巴塞尔大学一直工作至 1961 年退休。自 1965 年起，他的身体状态每况愈下。1967 年，他退还了德国护照，正式成为一名巴塞尔公民。两年后，雅斯贝尔斯辞世。他的遗体则安葬在自己几年前亲手挑选的荷利尔公墓之内。从那里，他可以眺望那个战后对他不乏赞许，但也常有抨击的故国。

纵观雅斯贝尔斯的一生，他拥有彼此关联的多重身份，并在每一个身份之中都取得了不俗成就。他是有所建树的心理学家，三十岁时写就的《普通心理病理学》在日后为他持续带来心理学界数不胜数的工作邀约与荣誉称号，并且时至今日仍在学界引发回响。他是兢兢业业的学院派学者，著书立说，教书育人，创立了回应现代社会文化危机的哲学学说，著名哲学家汉娜·阿伦特与让娜·赫尔施都曾师从于他，并深受其影响。他是面向大众传播哲学思想、进行政治启蒙的公共作家，不仅出版了多部面向公众阐释个人思想的小册子，而且在写作过程中有意使用了一种积极邀请读者参与其思考过程的语言。他将自己的智性才干从"象牙塔"的事业中延展出来，用实际行动为推动战后德国社会思想的民主化进程做出了切实贡献。在雅斯贝尔斯 85 岁生日之际，时任德国外交部部长的维利·勃兰特发去贺电，对他做出了极高的评价："您不仅在哲学领域著作等身、蜚声国际，也凭借对政治领域的批判性贡献而产生了深远影响。在反对暴力统治与抵制去个性化趋势方面，您为许多人树立了榜样。"[21]

## 二、《罪责问题》的现实背景

在纳粹极权统治之下度过的黑暗时光无疑是对雅斯贝尔斯后半生影响最深的一段岁月，这段岁月也是孕育《罪责问题》的现实语境。纳粹党上台之后，即便没有刻意为之的反叛与挑衅之举，雅斯贝尔斯依然成为了这个政治国家的敌人，因为妻子的犹太身份，也因为他仍旧在课堂上讲述一些遭到指责的论题。他先是逐渐被排挤出海德堡大学的管理机构，而后在1937年被强制退休。自1938年起，他的作品发表开始受到半官方式的阻挠，并于1943年被正式禁止。微薄的退休金和战时物资的紧缺使得日常生活的基本需求越发难以得到满足。此外，从前的一些朋友也日渐疏远，毫无保留的思想交流只能局限于夫妻二人之间。外界严酷的现实之下，两人选择不问世事地埋头工作，借此支撑精神。纳粹当局一开始尚且容忍知名人士与德国人结为连理的"异族婚姻"，而当这一态度逐渐发生变化后，雅斯贝尔斯的妻子不得不时常化名躲藏在朋友家中。为了保留最后的尊严，雅斯贝尔斯甚至设法弄到了自杀用的毒药，与妻子随身携带，以应对两人突然被捕的情况。1945年3月的时候雅斯贝尔斯得知，根据官方的计划，他和妻子将于4月14日被押送上通往毒气室的火车。而美军解放海德堡的日期是同年4月1日，只比预想中的死亡结局早了不到半月。总而言之，时刻处于暴力威胁与思想束缚的阴影之下，不能在大学工作，不能对公众发出声音，不能享受推心置腹的亲密友谊，不能确保挚爱之人与自身的生命安全，甚至连最终的拯救都只能寄希望于偶然和来自外部的他国力量，这就是雅斯贝尔斯在纳粹德国时期的基本生存状况。所有这些都在《罪责问题》中留下了清晰的印记。

以第二次世界大战为分界线，《罪责问题》的成文史可划分为两个阶段。根据雅斯贝尔斯1939—1942年间的日志，早在盟军推翻纳粹政府前的若干年，他就已经开始对罪责问题进行思考。这一时期思考的焦点是生存于极权专制之下所面临的内在道德困境。1942年，当"异族婚姻"带来的压力显著增加时，雅斯贝尔斯写下了关于不同罪责模式的笔记，以便在内心明确身处如此之境地，自己的确已竭尽个人之所能。[22] 这段成文史体现出雅斯贝尔斯一贯的创作方式：以现实为出发点，从个人的特殊经历中抽象出一种普遍性。在《罪责问题》的字里行间，不难看出雅斯贝尔斯内心曾面临的两难：面对邪恶权力的恐怖统治，反抗，意味着无谓的牺牲；不反抗，意味着良心的谴责。正是由于在这样的两难中苦苦煎熬，为这样的两难持续思考，作者才会写出这样看似严酷无情，实则饱含对人类深情的自我审判："然而，我们中的每个人都是有罪的，只要曾经身处不作为的状态……在选择屈从于无能为力的软弱境地之前，总还有一个可以采取行动的空间。虽然危险，但多加小心，也能产生影响。当意识到自己由于恐惧而错失这一行动空间时，个人会承认自己道德方面的罪责：对他人的不幸视而不见，内心陷入麻木状态，哪怕目睹惨剧，依然不被触动。"[23]

　　《罪责问题》中的一些内容曾零星出现于雅斯贝尔斯在战后发表的文章中。1945年8月，海德堡医学院的开学仪式中，雅斯贝尔斯就曾主张德国人应当主动改过自新，而只有反思纳粹历史，与希特勒德国划清界限，这一自我革新才有可能实现。1945年底，他与诺贝尔文学奖获得者、挪威女作家西格里德·温塞特展开论战。温塞特在题为《德国人的再教育》一文中认为，德国人身上存在一种集体性的"精神倾向"，正是它使得纳粹的残暴统治成为可能[24]。雅斯贝尔斯反对温塞特的这一指责，并在其驳斥中区分了政治意义上的集体罪责与个人层面的道德罪责。[25] 在《罪责问题》一书中，这一思想被扩展为一个区分与辨别罪责的模式。最终，《罪责问题》脱胎于雅斯贝尔斯在1945—1946年冬季学期为海德堡大学开设的一门讲座课。该课程名为"论德国的精神状况"。这一名称是对1931年出版的《时代的精神状况》的呼应。如果说在《时代的精神状况》中，雅斯贝尔斯的目标是试图认清时代之中的"所能是者"[26]，那么在眼下这门课程中，他的意图显然更进一步。用雅斯贝尔斯在开课时的讲演词来说，他想要做的是"撰写一种适用于眼下的我们的伦理——即便它针对的是一群被世界视为贱民的人"。[27]

这段成文史提醒我们，要留心雅斯贝尔斯探讨罪责问题的时代背景[28]。彼时雅斯贝尔斯面对的，是一个因外界提出和强加于民众的罪责问题而日益分裂的德国社会，他首先要做的是回应一场由德国人在国际舆论中被"千夫所指"的状况所引发的社会思想危机。早在战争尚未结束之时，参与英国外交事务的罗伯特·范西塔特男爵（Robert Gilbert Vansittart）就已经通过其著作《黑纪录：德国的前世今生》极力向德国散布"德国人皆有罪"一说,而伴随着德国的战败、盟军的进驻,这一说法在占领区又产生新一轮的广泛影响。英美盟军在占领区采取"震惊疗法"对占领区实行"再教育",即借信息、影片和图像宣传来促使德国人相信自己对于集中营中的罪行负有共同责任。盟军采取如此的宣传措施,或许同范西塔特写作《黑纪录》的意图一样,是想要通过唤醒德国人道德层面的罪责感来倒逼民主化在德国的实现。但从结果看,这些强制措施反而推动了人们扮演受害者角色的心理倾向,也促进了一种"沉默的文化"的形成。此外,"二战"期间流亡海外的德国知识分子,如弗兰茨·魏弗尔、托马斯·曼、汉娜·阿伦特所发出的批判声中,德国人的集体道德问题也是火力集中之处。

对于留在德国承受了纳粹黑暗统治的民众而言,这些曾经的同胞、置身事外的流亡者所发出的尖锐声音既显得缺乏充分的说服力,也同时加剧了人们的抵触心理。《罪责问题》直面以上状况,一方面呼吁人们以追寻真理为出发点,摆脱情绪干扰,停止相互指责,通过彼此交谈的方式理性地认识罪责问题[29];另一方面通过引入"净化"这一概念,强调自省的重要性[30]。借此,雅斯贝尔斯将问题本身转变为问题的解决方式:

罪责的意义就在于认识罪责,并通过这一过程洗心革面;只有如此,个人才能重获生活的尊严;而只有每一个德国人如此,德国社会才可以重生,德意志民族才有未来。

这样的洞见显然有着影响未来的潜在力量。战后联邦德国的内政与外交也果然都是凭借对历史罪责的悔过而稳固了其立国的道德基础。然而,与在海外引发的普遍关注相比,这本书在当时的德国社会遭到了曲解与低估[31]。一直到20世纪80年代的历史学家之争中,哈贝马斯对于这本书提出"政治连带责任"一说的高度评价[32]才算是一定程度上照亮了它的初心与立意,推动了这一阐释罪责问题的经典文本逐渐开始获得应有的重视。

## 三、《罪责问题》中的罪责模式及其他

对于德国社会而言,纳粹德国历史罪行遗留下的罪责问题是一个欲避而不得、欲语却还休的现实问题,它持久而深刻地刺痛着德国人的心灵,以至于诞生了诸如"记忆文化"(Erinnerungskultur)、"克服过去"(Vergangenheitsbewältigung)等具有独特文化内涵的德语表达。这些概念指向战后整个德国社会的切肤之

痛——如何面对纳粹德国犯下的那些在整个人类发展史中显得如此骇人听闻的暴行,从思想上认识到它与自身和与当下的关系,并从精神上彻底接受这一点。这是理解《罪责问题》的出发点与意义所不应脱离的历史文化语境。与此同时,作为同为人类一员而又未曾亲历这一切肤之痛的异国读者,与德国社会创伤性事件之间的特定时空距离也为我们更加冷静、客观、全面地审视《罪责问题》带来一定优势。

《罪责问题》包含着丰富的思想内容。首先,在针砭时弊——讨论如何看待德国罪责问题——的方面,雅斯贝尔斯的观点与同时代的主流声音颇为不同。他在很大程度上反对德国人集体有罪说,并致力于从不同角度与层次澄清德国罪责问题。具体而言,他反对那种主张全体德国人对纳粹的战争与屠杀暴行负有集体道德罪责的说法。在他看来,凡作出违反军事必要性的烧杀掳掠等具体犯罪行为者应承担刑事罪责的后果,在政治领导方面失职者应承担政治罪责的后果,而这两者在德国人中绝非多数。至于在第二次世界大战中生存下来的绝大多数普通德国民众,他们所应承担的是一种被动的政治连带责任。由于在上一任政治体制中的国民身份,他们与纳粹德国的行为及其后果绑定,无论主观上是否对此表示认同。除此之外,是否负有道德罪责首先是私人领域的事情，应交由每一个个体依据其本人的道德标准判断。道德罪责的判定没有统一标准，因而占领区盟军所发出的"你们有罪"的谴责在道德意义上是不成立的。

但是，这并不意味着德国人在道德方面清白无辜。每一个德国人在不同程度上都放任了纳粹政府的上台与存续。由于这一基本事实，因而存在着一种导致其集体政治罪责（即政治连带责任）的道德过失。雅斯贝尔斯的这一见解反映出政治组织体与社会道德之间所存在的千丝万缕联系。毕竟，二者都是以集体文化为基础的历史现象。雅斯贝尔斯在驳斥集体意义上的道德罪责的同时，强调了集体意义上的道德过失，这是为同时代评论所普遍忽视的一点。恰恰是后者的存在提醒人们，在每一个个体认识自身道德罪责的过程中，存在着整个国家的国民接近政治自由的可能性。只有当人们深切地意识到，作为现代国家的一员，自己生活在一种无法摆脱的政治现实之中，因而自身行为终归会对这种政治现实产生影响，认识到自己作为个体对于所隶属的政治国家负有不可推卸的政治责任并肩负起这种责任时，才有可能最大限度地杜绝政治罪责的产生。如此一来，雅斯贝尔斯将历史的道德过失转化为未来的政治责任,而这显然是他呼吁每一个德国人走上"净化"之路,即主动反省自身道德罪责,并在罪责感所带来的痛苦之中完成个人转变的言外之意。对此,哈贝马斯评价道:"在彼时,雅斯贝尔斯已经认识到,如果没有对政治连带责任的认识,将无法斩断与一个曾经大肆建立集中营的政治国家和一个曾经允许屠杀少数族裔之事发生的社会之间的关联。"[33]

《罪责问题》绝非仅仅完成了针砭时弊的工作。就思想史的角度而言,它的突出贡献在于建立了一个分析罪责问题的模式,该模式由分属刑事、政治、道德和形而上学四个不同范畴的罪责概念构成。雅斯贝尔斯首先拆解每一个范畴内的相应罪责概念;而后分别在拆分和综合的意义上运用这一模式去分析德国罪责问题,剖析其中关涉的集体罪责、战争罪责等问题,并以此为基础对时下的纽伦堡审判发表评论;最后,立足于德国罪责问题的特殊性与普遍性,强调个体完成内在净化的意义。

在罪责模式所包含的四个概念中,刑事罪责的定义最清晰,作者在其上所花费的笔墨也最少。不难看出,刑事罪责概念成立的基本前提是主张权利与施行权力的主体对作为判罚依据的法律条文的认可。政治罪责概念稍显复杂，它的成立前提指向现代政治国家体制之下，负责国家机器运转的政治元首的行为后果与委任其职责与权力的公民之间的绑定关系。现代政治中，公民对政治元首的选择意味着公民自身必须承担由此而来的一切连带性后果。在日常情景中，这种承担是自然而然的，因为每个公民都已然不可避免地生活在"政治"——个人一定程度上的自我选择所带来的后果之中。但是，在对外交战的战败局面（即德国社会当时所处的现实境地）中，国民对后果的承担固然依旧是连带性质的，但究竟在多大程度上以怎样的方式来承担，相关的话语权掌握在战胜国手中。借这一抽离，雅斯贝尔斯阐明了，政治范畴的罪责之所以令德国人难以接受，根源在于它对这些身处战败场景中的战败一国的国民而言，不可避免地具有伤害其政治主权的意味。而根据雅斯贝尔斯的罪责模式构想，政治罪责这一概念包含着的一大棘手之处在于，它与道德罪责这个更为抽象也更为特殊的概念间有着千丝万缕的关联。这一点自然可以回溯至人类发展历程中政治与道德之间一言难尽的复杂关系。也正是因此，一些学者认为，对政治罪责与道德罪责的严格区分是罪责模式中最值得商榷的地方。[34]

然而，细读雅斯贝尔斯的论述会发现，道德罪责存在的前提是主体的罪责感,或者说负罪感。它对照于我们日常生活中所说的内疚,是一种地地道道的个人感受。由此,雅斯贝尔斯将罪责问题从拥有清晰评判标准的事实现象,即是否有违法犯罪行为,是否具备某一政治身份,引入了说不清道不明的心灵世界。雅斯贝尔斯笔下的道德罪责和形而上学罪责拥有相同的内核,并区别于刑事罪责和政治罪责。在前者的范畴内,"罪责"(Schuld)不意味着人们因自身或他人行动而需承担的后果,而代表着个体由于违背特定观念而产生的切身感受。在道德罪责中,这种观念指向个人的道德准则。在形而上学罪责中,它指向一种特定的伦理要求:应当把每一个个体视为自我的延伸——他人之苦,我感同身受;应当把全体人类视为命运的共同体——一荣俱荣,一损俱损。[35]

也就是说,在罪责模式中,刑事罪责、政治罪责与道德罪责、形而上学罪责之间存在着一条划清了主客观世界边界的暗线。所有可以和应当接受现实世界审判的,在线的这一边;所有属于内心世界与超越层面的,在线的另一边。在线的这一边,罪责是可以认识与评判的客观现象,至于评判的主体是谁,则是政治与军事权力的问题;在线的另一边,罪责是一种基于客观现实和主观价值体系的偏差与撕裂而形成的感受，人们或许可以逃避这种感受，但逃避之举恰恰印证了负罪感的存在。在线的这一边，刑事罪责与政治罪责的定义揭示出，人类共同生活在一个有罪当罚的世界；在线的另一边，道德罪责与形而上学罪责的设定表明，人作为思考、判断与信仰的主体，拥有反思的能力与超越的精神。后者正是雅斯贝尔斯反复提及的人之为人的存在状态（Menschsein）的重要内涵。

在线的这一边，借阐释刑事罪责和政治罪责，雅斯贝尔斯明确了不同行为举动的责任主体，有力地驳斥了占领军散布的集体罪责指控中的不当之处，以澄清事实的方式减轻德国民众心中不必要的道德负担。在此基础上，雅斯贝尔斯也凭借政治罪责与道德罪责的关联，进入线的另一边，并凭借道德罪责与形而上学罪责提供的伦理学层面的意义延展空间，从对德国问题的论述切入贯穿人类发展历史的普遍战争现象中的责任问题，以刚刚过去的第二次世界大战为参照，以即将进行的纽伦堡审判为背景，叩问军事强国对于全体人类的政治责任。德意志的历史经验应当为全人类的未来命运提供借鉴。只有将"胜者为王"的历史强权逻辑转化为一种制衡破坏和平者的国际法律，一种以保障和平为己任的世界秩序才有可能。这样的秩序是已经发明出核武器的人类摆脱毁灭的唯一出路。

借此，雅斯贝尔斯将德国罪责问题置于了特殊性与普遍性的张力之中。罪责模式在明确服务于分析与阐释德国罪责问题这一现实社会议题之外，也延伸至对人类政治制度过去与未来的反思与展望。这些延展出的内容共享了雅斯贝尔斯为形而上学罪责所设立的伦理学前提，即全体人类命运结为一体的休戚与共感。从这一角度出发，整个《罪责问题》也是一次以先从普遍（即抽象的罪责模式）到特殊（即具体的德国罪责问题），再由特殊（德国政治与战争问题）到普遍（世界政治与秩序问题）的路径所展开的政治哲学的浅简尝试。它尝试在技术化与全球化的背景下，树立一种独特的自由主义－人文主义伦理。这种自由主义－人文主义色彩尤其突出地表现在雅斯贝尔斯对于道德罪责的定义上，其核心特征，即除主体外他人无权审判某人的道德罪责这一主张，表现出对个体差异性、独特性与个人意志的高度尊重。雅斯贝尔斯的罪责模式也再次说明，罪责其实是现象和感受的综合体。跳动的良心和时刻提供鞭策与鼓舞的责任感是人类生活的经验事实，无论神学与哲学各自对此进行怎样的阐释，而生物学、脑科学还是心理学又可以从各自角度提供怎样的解释。只要人类生活在一个彼此相连的世界之中，就需要为自己与他人的错误共同负责，就可能会为自己无法负责之处而感到愧疚。

综上所述，综合了罪责在法律、政治、道德和形而上学四个层面具体表现的罪责模式，是从过错、责任、反思三个方面把握德国罪责问题的思想体系。过错这一维度指向对罪责的客观评判，责任这一维度连接外界评判与内在认知，反思维度则强调觉知与体认罪责（客观过错与主观负疚感）的意义。由于道德罪责和形而上学罪责的平行存在，反思的意义是彼此相关的两个方面：个人层面，反思促进政治上的自我启蒙；集体层面，应当以德国为鉴，促进一种惩恶（即破坏人类团结一致之举）扬善的国际新秩序。由此，雅斯贝尔斯揭示出德国罪责问题所包含的深刻历史意义——人们基于罪责感的反思为启动一种全新政治伦理提供了内在精神动力。在战后的公共写作中，雅斯贝尔斯试图凭借其政治书写激发的正是同一种精神动力。

在笔者看来，《罪责问题》这部语言凝练、思想深邃的著述中融汇了作者基于其深刻人生体验而生发的哲学思想。它以哲学思辨的方式回应具体的历史问题，同时又从具体的问题中延展出对人类未来的关切以及以此为基础的政治伦理学。它梳理了不同层次的罪责概念，审视了人类政治的发展历程，呼吁个体和掌握强权的政治体以各自的方式肩负责任，为实现真正良善的世界秩序而努力。它抵制人们对复杂问题非此即彼的极端化理解与互相指责的情绪化讨论，敦促人们以追求真理的态度面对现实，认清现实，而后勇敢地承担责任。就这一意义而言，《罪责问题》既是一部杰出的反思之作，也是一部意义深远的政治哲学著述，对于更加深刻地理解彼时的德国社会与认识我们当下所身处的世界形势都至关重要。

李 慧<br>2023 年 1 月

## 注释

1. 参见 Felix Lieb, Ein überschätztes Buch? Karl Jaspers und „Die Schuldfrage", in: Vierteljahrshefte für Zeitgeschichte, 2019, Vol.67 (4), S.566。
2. 参见〔德〕汉斯·萨尼尔：《雅斯贝尔斯传》，张继武、倪梁康译，商务印书馆 2022 年版，第 4—8、13—14 页。
3. Karl Jaspers, Schicksal und Wille. Autobiographische Schriften, München 1967, S. 84.
4. 同上。
5. 同上书，第 47 页。
6. 对此处雅斯贝尔斯生平中与妻子的关系及下文疾病、学业、事业、著述与思想、第三帝国经历等相关信息，除汉斯·萨尼尔的《雅斯贝尔斯传》外，主要参考了 Kurt Salamun, Karl Jaspers. Arzt. Psychologe. Philosoph. Politischer Denker, Berlin 2019; Dieter Lamping, Karl Jaspers als Philosophischer Schriftsteller. Schreiben in weltbürgerlicher Absicht, Stuttgart 2018; Suzanne Kirkbright,

Karl Jaspers. *A Biography Navigations in Truth*, London 2004;〔德〕维尔纳·叔斯勒：《雅斯贝尔斯》，鲁路译，中国人民大学出版社2008年版。

7　出自雅斯贝尔斯遗稿，转引自汉斯·萨尼尔，第68页。

8　参见 Hans Saner, Vorwort zu Karl Jaspers Schicksal und Wille, München 1967, S. 13。

9　Karl Jaspers 1967, S. 158.

10　又译作"临界境遇"（〔德〕维尔纳·叔斯勒：《雅斯贝尔斯》，鲁路译）、"临界境况"。各种译名中，"临界状态"最朴实地传达了德语原词的基本含义，故本文中使用这一说法。

11　Karl Jaspers, Philosophische Autobiographie. Erweiterte Neuausgabe, München 1977, S. 12-13.

12　也译作"交往"。但是结合其出现的语境，该术语更强调的是不同主体间的对话，其内涵更侧重于思想的沟通层面，故而本文与译文中均译为"交流"。

13　Edwin Latzel, Die Erhellung der Grenzsituation, in: Paul A. Schilpp (Hg.), Karl Jaspers, Stuttgart 1957, S. 169.

14　〔德〕卡尔·雅斯贝尔斯：《生存哲学》，庞昕译，华东师范大学出版社2021年版，第89页。

15　Karl Jaspers, Vernunft und Widervernunft in unserer Zeit. Drei Gastvorlesungen, München 1950, S. 40.

16　参见〔德〕维尔纳·叔斯勒：《雅斯贝尔斯》，鲁路译，第1—4页。

17　Dieter Lamping, Karl Jaspers als Philosophischer Schriftsteller. Schreiben in weltbürgerlicher Absicht, S. 3.

18　Kurt Salamun, Karl Jaspers. Arzt. Psychologe. Philosoph. Politischer Denker, S. 119-120.

19　Max Weber, Politik als Beruf, in: Wolfgang J. Mommsen u. a. (Hg.), Max Weber Gesamtausgabe Bd. 17, Tübingen 1992, S. 113-254.

20　转引自〔德〕汉斯·萨尼尔：《雅斯贝尔斯传》，张继武、倪梁康译，第56页。

21　转引自 Kurt Salamun, Karl Jaspers. Arzt. Psychologe. Philosoph. Politischer Denker, S. 146.

22　Suzanne Kirkbright, Karl Jaspers. *A Biography Navigations in Truth*, pp. 141-142.

23　Karl Jaspers, Die Schuldfrage. Von der politischen Haftung Deutschlands, Zürich 2016, S. 53.

24 Sigrid Unset, Die Umerziehung der Deutschen, in: Die Neue Zeitung 25.10.1945.

25 参见 Felix Lieb, Ein überschätztes Buch? Karl Jaspers und „Die Schuldfrage", Vierteljahrshefte für Zeitgeschichte, 2019, Vol.67 (4), S. 570-571。

26 〔德〕卡尔·雅斯贝斯:《时代的精神状况》,王德峰译,上海译文出版社 2005 年版,第 23 页。

27 Dolf Stemberger, Jaspers und der Staat, in Karl Jaspers Werk und Wirkung: Zum 80. Geburtstag Karl Jaspers, München 1963, S. 135.

28 本段的撰写参考了安尼:《聆听沉默之音:战后德国小说与罪责话语研究》,华东师范大学出版社 2014 年版,第 33—34、39—41 页; Felix Lieb, Ein überschätztes Buch? Karl Jaspers und „Die Schuldfrage", Vierteljahrshefte für Zeitgeschichte, 2019, Vol.67 (4), S. 576-577; Elena Agazzi, Karl Jaspers: Die Schuldfrage. Ein Beitrag zur deutschen Frage, in: Elena Agazzi u. Erhard Schütz (Hg.), Handbuch Nachkriegskultur. Literatur, Sachbuch und Film in Deutschland (1945-1962), Berlin/Boston 2013, S. 300-301.

29 Karl Jaspers, Die Schuldfrage. Von der politischen Haftung Deutschlands, S. 8-15.

30 同上书,第 77—93 页。

31 参见 Felix Lieb, Ein überschätztes Buch? Karl Jaspers und „Die Schuldfrage", Vierteljahrshefte für Zeitgeschichte, 2019, Vol.67 (4), S. 572-582。

32 Jürgen Habermas, Vom öffentlichen Gebrauch der Historie, in: Die Zeit 7.11.1986.

33 Jürgen Habermas, Deutschland—Wohin? Ansichten und Einsichten: Karl Jaspers über den moralischen Notstand in der Bundesrepublik, in: Die Zeit 13.5.1966.

34 参见 Felix Lieb, p. 585; Donald Brinkmann, Die Schuldfrage als philosophisches Problem: eine Auseinandersetzung mit Karl Jaspers, in: Theologische Zeitschrift, 1949 Vol. 5 (4), S. 270。

35 Karl Jaspers, Die Schuldfrage. Von der politischen Haftung Deutschlands, S. 20-21, 35, 54-55.

# 目 录

前　言 .................................................... 1

"德国思想状况"讲座课课程导引 ............... 3

罪责问题 ................................................ 15

第一章　对罪责的分类与讨论 ................... 19
　一、四种罪责概念 ................................ 19
　二、罪责的后果 ................................... 24
　三、暴力·法律·宽恕 ........................... 25
　四、谁在审判，审判谁，审判什么？ ........ 28
　五、辩护 ............................................ 34

第二章　德国的罪责问题 ......................... 39
　第一节　分辨德国罪责 ......................... 43
　　一、犯罪行为 ................................... 43
　　二、政治罪责 ................................... 56
　　三、道德罪责 ................................... 59

xxxiii

  四、形而上学罪责 .................................. 70
  五、总结 ............................................ 71
 第二节 辩解的可能 .................................. 81
  一、恐怖统治 ........................................ 81
  二、罪责与历史关联 .................................. 84
  三、其他国家的罪责 .................................. 90
  四、所有人的罪责？ .................................. 99
 第三节 我们的净化 .................................. 103
  一、逃避净化 ....................................... 105
  二、净化之路 ....................................... 120

1962年后记：关于我的《罪责问题》 ..................... 127
注  释 ............................................ 135
索  引 ............................................ 139
译后记 ................................................ 141

# 前　言

1945—1946年冬季学期，我开设了一门有关德国思想状况的讲座课。这里发表的是其中探讨罪责问题的相关内容。

我的所有论述是为了同时实现这两个目标：作为德国人的一员，促进人们形成清晰一致的观点；作为人类的一分子，参与我们追求真理的努力。

海德堡，1946年4月

# "德国思想状况"讲座课
# 课程导引

在德国,我们必须找到理解彼此所思所想的方式。我们还没有形成共同的基础。我们寻找着凝聚为一个整体的方式。

我向各位讲述的内容脱胎于与人的交流。我们每个人都在自己的圈子里进行着这样的交流。

在座的各位必须以自己的方式审视我在讲台上表达的思想。这意味着,不应将它视为普遍真理,不假思索地接受,而应仔细思考与甄别。这也意味着,不应不假思索地反对,而应结合现实,大胆设想、谨慎求证话中之义。

我们要学习如何与人交谈。这意味着我们不仅要重复自己的观点,还要倾听他人的想法。我们不仅要提出自己的主张,还要结合具体情况进行反思,接收各种理由,时刻准备达成新的观点。我们要尝试换位思考。我们甚至要寻找那些反对我们的观点与态度。与轻率地坚守反对立场相比，在异见中抓住共同之处更加重要。因为前一种情况下，人们看不到交流的可能，只能选择结束对话。

在感情的影响下形成坚定的判断是容易的；平静地陈述事实是困难的。受困于自己顽固的观点，停止与对方的交流是容易的；超越个人观点，一刻不停地追根寻底是困难的。紧紧抓住一个想法，躲在它的背后以逃避对问题的进一步反思是容易的；一步一步向前探究，永远不抗拒追问是困难的。

我们必须重新建立反思的意愿。为此，我们不应让自己被骄傲、绝望、愤怒、固执、复仇欲与轻蔑等情绪冲昏头脑，而要把它们放到一边，好让自己看一看，究竟什么是现实。

但是，在交谈中，也要注意相反的情况。漫无边际、自由发散地思考一切，却从不做出决断是容易的；以开放性的思维从各个角度洞察问题，而后真正下定决心是困难的。用言辞来使自己回避责任是容易的；坚定信念，却不固执己见、独断专行是困难的。无论何时都随波逐流是容易的；哪怕人的思考本身就灵活易变，最终仍凭借坚定信念的引导，坚守自己所选择的道路是困难的。

当我们实现了真正的对话，就会共同走入人类生活的起源之处。为此，我们的心中必须始终保有对他人的信任，必须始终保有获得他人信任的力量。只有做到这一点，我们的对话才可能令彼此心平气和。在这种平和中，交谈双方会共同用心倾听；所听到的，正是本真的声音。

正是因此，我们要做的不是向彼此倾泻怒火，而是携手找到正确的道路。我们用彼此交谈的方式寻求真理，但强烈的情感与激动的情绪会阻拦我们。我们要做的不是慷慨激昂地拍着胸脯，肆意谩骂他人；我们要做的不是沉浸在自满中，对伤害他人之事大加颂扬。与此同时，我们也不应为自己设限。无论是小心翼翼地回避问题，沉默不语地维持表面和谐，还是用自我欺骗的方式获得安慰，都是不可取的。没有不得体的问题。无需乖巧地察言观色。没有必须被保护的感受与人生谎言。但是，决不允许用故意挑衅的、未经论证的、不负责任的评判攻击他人。我们属于同一个民族。在对话时，我们应当感受到共同的使命。

在这样的交谈中，没有人是他人的法官，每个人都既是被告，又是法官。这么多年来，我们共同听过了那么多鄙夷他人的声音。我们不希望继续这样下去。

但是，我们想要的总是无法完全实现。——我们所有人的身上都存在自我防御的倾向。当我们感受到反对力量的存在时，就会通过价值评价或者道德指控攻击对手。今时今日，我们必须更加严格、更加清醒地检验自己的态度。我们必须首先明确一个问题。根据历史发展的经验，似乎话语权总是由存活下来的一方掌握，似乎胜利本身就意味着合理，似乎赢家说的总是有道理。但是，这些看法包含深刻的不公，因为它们无视了那些失败的人，那些无力的人，那些被沉重打击压垮的人。

这些看法总在世间不断叫嚣。1866年与1870年之后的普鲁士德国[1]曾经制造过这样的噪音，它引发了尼采的深深惊恐。1933年后，纳粹也制造了这样的噪音，并且比之从前还要更加野蛮狂暴。

此刻，我们必须扪心自问，是否又在另一种噪音的鼓动下变得自以为是，仅凭幸存者的身份，仅凭苦难经历，就认为自己拥有某种合法性。

要明白，我们之所以存活下来，靠的不是自己；我们能够在可怕的毁灭中获得新境遇与新机会，并非凭自身力量可以实现。我们不应赋予自己超过应得份额的合法性。

正如今时今日的各个德国政府都是由同盟国组织

建立的权威政府一样，每个德国人，我们中的每个人，其行动范围的确立都有赖于同盟国的意志与许可。这是一个残酷的事实。但要做到尊重事实，我们不得不铭记此事。它提醒我们远离狂妄自大，教育我们懂得谦逊节制。

任何一个时代都会有这样一群人，他们气势汹汹地认为自己的想法在理，把他人带来的改变当作自己的功劳。今时今日也不例外。

没有人能完全摆脱这种状态。我们当然会经历激烈的情绪爆发。但愿它会净化自己。我们在为灵魂的纯洁而战。

参与这一工作的不仅有理智，还有受理智推动的心灵。身为讲座课的听众，您可能会产生共鸣，也可能会产生对我的抵触感。而我自己也会受到触动。如果没有心灵的震颤，我不可能在思想的根基之处打动自己。在这种由我单方面进行报告的课堂上，如果我们的交流无法就事论事，有人感到自己被针对的情况将无可避免地出现。因此，课程伊始，我请求大家的谅解。如果我让您感到不快，请明白，这不是我的本意。与此同时，我也已经下定决心，以尽可能审慎的态度挑战最激进的思想。

学习交谈时，我们的收获远远超出独自维持与外界联系时的所得。我们用这种方式打造一个不可或缺的基础，以便与其他民族进行对话。

只有在完全开放与真诚的情况下，我们才能找到尊严——哪怕它奄奄一息——除此之外，还有属于我们自己的机遇。每一个德国人都要扪心自问，是否想要冒险选择这条道路，无论经历多少失望，无论强者对其权力的滥用带来的是进一步的损失，还是令人沉湎的舒适。我们的回答是：这是唯一能让我们的灵魂免于流离失所的道路。我们必须看到灵魂流离失所的后果——一种在深渊边上进行政治冒险的思想状态。在这条道路上，即便可能取得成功，也需经历漫长时日。因此，很长一段时间内，人们仍会对我们缺乏信任。

骄傲地保持沉默，这一态度在短时间内或许有其合理性，人们可以躲在它提供的面具背后喘息和思考。但是，当人们在面具下顽固地自我封闭，拒绝清醒，逃避现实时，则会导致自我欺骗与对他人玩弄心机的情况发生。骄傲令人错误地以为自己是在展现男子气概，但就实际表现而言，人们不过是在一味逃避。这种骄傲令人将沉默视为战斗之举，但恰恰是这仅有的战斗之举暴露了骄傲者的软弱。

在今天的德国，彼此交谈困难重重，但它也是我们最重要的任务，因为我们彼此之间的经历、感受、愿望、重视的东西和做过的事情都如此不同。从外部看，我们是一个非自然的共同体。然而，这一表象之下却隐藏着有待实现的无限可能。

我们必须看到那些与我们自身情况和态度完全不同的困难，学会感同身受。

今时今日，我们德国人能够看到的彼此之间的共同特征或许都是消极的。我们属于一个被彻底打败的国家，听凭胜利者的处置，无论是以宽宥的姿态，还是毫不留情的方式。我们缺乏一个可以凝聚所有人的共同根基。我们处于四分五裂的状态，大体上，每个人都孤立无援，软弱无助。没有共同之处或许是我们唯一的共同之处。

过去12年的公共宣传中充斥着洗脑式的演讲。尽管我们都沉默不语，但沉默中的我们选择了完全不同的内心态度。在德国，对于我们的灵魂、价值观和愿景应当如何，我们没有达成共识。多年来，我们彼此之间信仰的、坚守的、赋予人生意义的事物都差异颇多。因此，人们的转变方式也必定各不相同。我们都在转变，但并非以同样的方式。我们的目的地是一块由我们自己发现，将我们重新统一在一起的新大陆。在那里，我们拥有共同的真理。在如此巨大的灾难中，每个人都有权利重塑自我，迎接新生，无须畏惧这样的举动会令自己难堪。

现在，我们彼此之间的差异骤然暴露。这既是由于过去 12 年来，人们根本无法进行公共讨论，也是由于在私人领域，一切反对意见的表达都只能发生在最亲密的谈话中。没错，即便在朋友之间，也无法完全敞开心扉。在公开和普遍意义上，情况都是如此。因此，纳粹的思维与言谈方式产生了十分深远的影响。对于在这种环境中成长起来的青年人，它几乎理所当然。

而现在，我们又可以自由交谈了，但却感觉彼此仿佛来自不同的世界。但是，我们的确说着同一门语言：德语。我们出生在同一片土地，拥有同一个故乡。

我们想要互相亲近，彼此交谈，形成共同的信念。

我们对历史事件的看法差异巨大，难以统一。1933 年发生了令举国上下尊严尽失的事件，一些人在那时就感觉受到了强烈的冲击，另一些人是在 1934 年 6 月，还有一些人则是在 1938 年对犹太人的集体迫害中[2]；另有许多人是在 1942 年败局显露迹象，1943 年败局已定，或者 1945 年失败真正发生之时。对前面一批人而言，1945 年是解放来临的时刻，新的可能性终于发生；对于后面一批人而言，这一刻则意味着最艰难时日的开始，因为所谓的民族帝国走到了尽头。

一些人以激进的态度寻找灾难的起源，总结经验教训。他们在1933年就已经渴望西方强国介入并出兵德国。德国这座监狱的大门已经关上，解放只能从外部到来。德国人灵魂的未来取决于这一解放。要避免德国的本质被彻底摧毁，就必须由共同谋求欧洲利益的兄弟国家尽快带来解放。然而，解放没有发生，希特勒的一意孤行一直持续到了1945年，直到我们所有物质与道德现实经历了最可怕的毁灭。

但是，这一看法并非所有人的共识。一些人曾在纳粹主义中看到过，或者此刻仍然认为自己看到了一个黄金时代。此外，也有一些纳粹的反对者曾经坚信，希特勒德国的一次胜利不会导致德国本质的毁灭。在德国取得的这样一场胜利中，他们更多地看到了一个伟大未来由此奠定基础，因为他们认为，旗开得胜的德国将会立即或是在希特勒死后摆脱这一政党。他们不相信那个流传已久的说法：每个国家只能通过建立它的力量来维持自身。他们不相信，事物的本性决定了，恰恰是在胜利之后，恐惧会变得无法摧毁。他们不相信，在纳粹取得胜利之后，在军队被解散之后，德国会被党卫军控制，德国人民会被意欲征服世界的势力所奴役。在其毁灭性统治之下，世界一片荒芜，自由荡然无存。在这样的统治中，德意志的一切都会遭到扼杀。

眼下，我们经历苦难的方式也表现得极为不同。人人都有自己的忧虑，无论是生活中遭遇巨大变故，还是身体上承受种种摧残，但大家的具体境况毕竟不同。有的人房子与家产都还在，有的人则因轰炸而一无所有。有的人在前线遭遇损失与苦难，有的人身处家中，还有的人置身集中营内。有的人被盖世太保追捕，有的人却一边担惊受怕，一边忙于从专制政府那里捞好处。几乎每个人都曾失去至亲与好友，但失去的方式各有不同——前线战斗、轰炸、集中营、专制政权的大屠杀。这种差异会导致我们内心态度的不同。人类的苦难千差万别。绝大多数人只对自身经历的苦难有真切的概念。每个人都倾向于将巨大的损失与痛苦解释为一种牺牲，但对于这种牺牲究竟是为了什么的解释却千差万别。解释的不同令人们分道扬镳。

信仰的丧失也带来了巨大的差异。只有超验的宗教或哲学信仰能够经受住所有这些灾难的冲击。世间的法则已支离破碎。纳粹的虔诚信徒只能通过追随比纳粹统治时期更加荒谬的思想来攫取已过时的幻梦。

民族主义者则站在原地,不知所措,一边是他已看透的纳粹的邪恶本质,另一边是德国的真实现状。

所有这些差异不断引发我们德国人之间的分裂,我们的存在缺少共同的伦理-政治基础则加剧了这一情况。只有拥有共同的政治基础,我们才能保持团结,无论彼此之间的争辩多么激烈。然而,我们拥有的只是它的阴影。我们之间几乎没有真正的对话与倾听。

许多人根本不愿意认真思考这些问题,这一点加剧了问题的严重性。他们要么在寻找简单的口号,要么在寻找机械的服从。他们不提问,也不回答,只是重复一些死记硬背下来的套话。他们要么断然要求他人应当如何,要么直接顺从别人的要求。他们自己没有思辨能力,因此,也不存在理性说服这群人的可能性。当一个人不愿意检验和反思别人的话,不愿意通过说理与判断真正捍卫自己的独立性时,我们根本无法与之真正交谈!

德国的未来有赖于我们德国人在交流中达成一致。只有意识到我们之间的巨大差异,才能真正学会如何交谈。

强行达成一致的做法毫无意义。这样的一致不过是种假象,会在灾难中迅速消散。只有通过彼此之间的交谈与理解达成的一致,才会让我们形成有凝聚力的共同体。

当我们介绍典型情况时,任何人无需对号入座,执意如此者,后果自负。

# 罪责问题

几乎全世界都在控诉德国和德国人。对我们罪责的讨论伴随着愤怒、恐惧、仇恨与轻蔑。人们想要惩罚，想要复仇。不仅战胜国，还有一些德国移民，甚至中立国的成员也都如此。在德国，有一些人承认包括自己在内的德国人有罪；也有许多人认为他人有罪，但自己是无辜的。

逃避罪责问题，这一举动不难理解。我们的生活十分艰难。大多数德国人生活在极端的困苦中。这样的生活似乎令人麻木，对探讨罪责无动于衷。人们更关心改善生活的方式，关心什么可以带来工作、面包和温暖的住处。人们的视野变得狭隘，讨厌听到与罪责和过去有关的内容。人们不关心世界历史，只想要摆脱贫困，不再受苦。人们只想要生活，不想要反思。所有这些表现都源自一种心情，似乎在遭受了如此可怕的苦难之后，理应得到一些奖励，或者至少是安慰，而不是背上沉甸甸的罪责。

然而，即便是那些受困于极端处境的人，也会在某些瞬间感受到寻求真理的冲动，尽管真理从不发出任何声音。既要面对生存的困境，也要面对他人的控诉，这件事至关重要，却又不由我们控制。我们想要弄清楚，外界的控诉是否合理，在何种意义上合理，因为恰恰是在困境之中，人们才能越发清晰地感受到最不可或缺之事：净化灵魂，思考正确之事并采取行动，以便能够在面对虚无时，从真正的起源之处把握生命。

事实上，我们德国人无一例外有义务仔细地审视我们的罪责问题，总结和吸取经验教训。这一义务来自我们生而为人的尊严。世界怎样看待我们，本就是一个不容我们等闲视之的问题，因为我们知道自己是人类的一员，知道我们首先是人，其次才是德国人。但更为重要的是，对我们自己而言，对已然生活在困苦和非独立状态中的我们而言，只有对自己诚实，才能保有生活的尊严。罪责问题与其说是他人向我们提出的问题，不如说是我们对自己的追问。如何在内心深处回答这一问题，决定了我们当下的存在感与自我意识。对德国人的灵魂而言，这是一个至关重要的问题。经由对这个问题的思考，转变才能发生。转变会令我们焕然一新，不再受困于我们本质特征的历史起源。战胜国宣告我们罪责的声明无疑对我们的存在产生了最为巨大的影响，但它导致的后果具有明显的政治特征，对于最关键的问题，也就是我们的内在转变，没有什么帮助。只有我们能对自己的问题产生影响。我们可以借助哲学和神学的帮助，照亮幽深的罪责问题。

概念与视角的混淆会干扰对罪责问题的讨论。为了确保讨论的真实性，需要对不同情况作出区分。首先，我会将罪责分为不同类型。然后，我会借助这种分类，说明我们德国人当下的状态。其中，各个类型并不泾渭分明，而是彼此交融。最后，我将讨论罪责的起源，它存在于一种包罗众生的情况中。但要清晰地展现这一点，只能通过区分类型的方式。

我们的感受晦暗不明，不值得无条件的信任。尽管我们能够直接感受到活生生的现实和我们灵魂当下的状态，但是感受和这些与生命有关的客观存在不同。感受的产生与我们的内心活动、思维方式和知识结构有关。感受可能变得更加强烈，也可能变得更加清晰，变化的程度与我们思考的程度有关。感受的特性决定了它不是可靠的存在。听任感觉的驱使是一种天真，它回避了知识与思考带来的客观性。只有全面而彻底地思考和再现问题,我们才能拥有真实的感受。只有拥有真实的感受,我们才能在任何情况下都可靠地生活。

# 第一章
# 对罪责的分类与讨论

## 一、四种罪责概念

需要区分以下四类罪责。

（1）刑事罪责：即可以客观证明的犯罪行为，它违背了明确的法律规定。法院是审判机关，在正式的诉讼程序，以可靠的方式认定事实，并基于事实适用法律。

（2）政治罪责：它存在于国家元首的行为与国家公民的身份中。由于这一身份，我必须承担国家行为的后果，因为我受制于国家暴力，同时享受国家秩序为我的生存提供的保障（政治连带责任）。每个人都对国家的统治方式负有一份共同责任。有权裁定这一政治罪责的是胜利者的暴力与意志，无论是在内政还是外交方面。胜利是决定性因素。出于考虑后续影响的政治智慧，出于对基于自然法与国际法的各种规范的认可，人们选择节制独裁与暴力。

（3）道德罪责：当我以个体身份行动时，我对自己的所有行为——包括政治和军事行为在内——负有道德责任。"命令就是命令"一说不会对此产生影响。违法犯罪就是违法犯罪，哪怕是在服从命令的情况下（当然，主体身处危险、胁迫或暴政之中的情形会在一定程度上减轻相应罪责），同理，任何行动也都无法摆脱道德评判。有权裁定这一罪责的是每个人自己的良知以及与朋友及邻人之间的交流，交流的对象必须关注且关爱我的灵魂。

（4）形而上学罪责：人之为人，意味着全体人类应当形成一种团结一致的状态，这一理想使得每个人都感到，自己对于世间的一切不公不义负有一定责任，尤其是对发生在身边的、自己知晓的罪行。当这样的罪行发生，而我却没有尽自己所能去阻止它时，我会为此而感到内疚。如果我没有付出自己的生命阻止他人被谋杀，而是置身事外，任由惨剧发生，我就会以某种方式感到内疚。这种负罪感在法律上、政治上和道德上都无法得到明确衡量。惨剧发生而我却还活着，这一事实令我肩负着一种无法磨灭的罪责。如果没有足够的运气来避免这一局面，我们就抵达了作为人类的临界状态[3]。我们必须做出选择：要么抛弃目的，即便没有成功的希望,依然无条件地付出生命;要么继续活着,既然牺牲自己也未必能够成功拯救他人。在人与人关系的某个地方,潜藏着这样一种非此即彼的绝对感,我们只能共同存活,不然的话,就谁都活不下去。一旦出现了犯罪行为的侵害,或者涉及对物质生活条件的分配,这种感觉就会出现。这一点构成了人类存在的实质。但它并不出现在全体人类、一国的全部国民或是规模更小的群体的团结一致中,而是局限于人类最亲密的联结中。正是这一点造就了我们所有人的罪责。有资格审判这一罪责的唯有上帝。

对四种罪责概念的区分让各种指责的意义变得清晰。例如,尽管政治罪责意味着,具有某一国籍的所有公民都必须承担国家行为所导致的后果的连带责任,但这并不意味,每一个公民都对以国家之名犯下的罪行负有刑事罪责和道德罪责。裁决罪行的是法官,裁决政治责任的是胜利者。道德罪责则只出现在团结一致的爱的斗争中。在具体情况中,人们或许可以使形而上学罪责显现,例如在文学或哲学作品中。但是,很少有个人能够开口倾诉这一罪责。它存在于那些抵达过"绝对性"的人的内心深处,但恰恰是这一经历导致他们无法向世人传播自己所经历的"绝对性"。它是一种持续存在的愧疚,无法具体揭示,只能笼统探讨。

区分罪责概念能够避免我们肤浅地谈论罪责问题。只有糟糕的法官才会不加分辨地将一切汇聚在一个层面，仅凭简单粗暴的理解就作出判断。但是，所有的区分最终都应将我们引向起源之处，而把它当作我们的罪责是不可能的。

如果我们不时刻提醒自己，不同之处也互相关联，所有这些区分就会变成错误。每一个罪责概念都展示出现实的一些面相，并且对其他罪责概念的领域产生影响。

假如我们人类能够摆脱形而上学罪责，我们就会化身为天使，其他三种罪责概念也就没有了立足之地。

道德上的过失是滋生政治罪责与犯罪行为的土壤。人们在不计其数的细微之处疏忽懈怠，放任自流，为自己的堕落寻找廉价理由，以不易察觉的方式推动不义之事的发生。人们参与塑造了这样一种公共风气，它传播含混不清之物，正是这一点使得邪恶成为可能。这一切导致的后果是造成政治罪责的前提条件之一，因为政治罪责对应着的恰恰是我们的现状与造成这一现状的历史过往。

在人类的共同生活中，权力的含义往往晦暗不明，这也是道德范畴的问题。无论是掩饰这一基本事实，还是错误地将权力绝对化为各种事件的唯一决定因素,都是一种罪责。人类的生存与生活是通过权力关系实现的。但被这一关系牢牢捆绑,则是每一个人的灾难与不幸。这是所有人都无法回避的罪责,是生而为人的罪责。这种罪责将被实现权利——实现人权——为目的的权力来抵消。以保障权利为目的的争夺权力,并允许一部分人在此过程中共同组织和塑造权力关系,是政治罪责的根源,同时也是一种道德罪责。权力的意义原本在于实现权利,在于维持本民族的伦理与纯洁。当权力的意义被权力自身摧毁时,政治罪责也就成为了道德罪责。因为在权力缺乏自我节制之处,会出现暴力与恐怖。最终,无论肉体还是灵魂都会遭到摧毁。

绝大多数民族都人数众多,各具特色。从他们各自的道德生活方式,也就是日常行为中产生了特定的政治行为,从而形成了自己的政治状态。但是,个体的生活条件反过来又是由沿袭的政治状态所决定。这种政治状态在先人伦理与政治的基础之上成为现实,在世界局势的背景下变得可能。在这一模式中,存在着以下两种针锋相对的可能性。

一种可能性是将政治性的伦理作为一国立身的准则。当所有人都通过理解、学习、发表看法、表达愿望的方式来共同参与这一准则的形成时,就产生了政治自由。政治自由的生活表现为持续的衰退朽坏与完善精进，所有人共同承担责任。正是由此产生的使命与机遇使得这一生活成为可能。

另一种可能性是大部分人对政治漠不关心。人们不觉得国家的权力与自己有关。人们不觉得自己对此负有责任，因而对政治事务袖手旁观，在盲目的顺从中工作与行动。对于掌权者的决定与所作所为，无论是顺从还是不参与，人们都没有良心不安。人们忍受着政治现实，仿佛它是别的什么事情。人们或是出于谋求个人便利，尝试通过一些计谋与手段绕过现实问题，或是生活在一种盲目的自我牺牲的激情里。

这就是政治自由和政治独裁的区别。而在多数情况下，哪种状态占据主导地位，已不再是个体能够决定的事情。恰恰相反，个体诞生于已经作出的决定之中，幸或是不幸。个人必须接受传承于历史的现实存在。事实上，我们就生活在这一状况所造就的前提中。改变这一点并非一蹴而就之事，无论对个人还是群体都是如此。

## 二、罪责的后果

无论当事人是否理解，罪责都向外对现实存在产生影响。而当我在罪责中认清自己时，罪责也向内对自我意识产生影响。

（1）违法犯罪行为会受到刑罚。前提是由法官在其自由意志下认定一方有罪，而非认定刑罚的正当性。

（2）具有政治罪责意味着要承担连带责任。其后果往往表现为进行赔偿、接受政治权力与政治权利的丧失或受限。如果罪责产生于由战争决定其发展走向的事件中，对于失败的一方而言，后果也可能是死亡、驱逐出境、种族灭绝。或者，如果胜利的一方愿意，也可以将后果转变为法律形式，以便明确衡量标准。

（3）道德罪责会孕育出新的认识，与之相伴的是赎罪与自我革新。这是一个能对世界产生现实影响的内在过程。

（4）形而上学罪责带来的后果是，人类在上帝面前完成自我意识的转变。往昔的傲慢被击碎。内在行动带来的自我转变可以成为积极生活的全新起源。伴随这一自我转变的是一种无法磨灭的罪责感。它使人保持敬畏上帝的谦卑，使人远离狂妄的行为。

## 三、暴力·法律·宽恕

当彼此之间无法用协商的方式达成一致时，人类用暴力一决胜负。所有的国家秩序都是对这一暴力的节制，而恰恰是这种节制使得暴力继续存在——向内表现为强制实现权利的手段，向外表现为战争——这一点在和平时代几乎已被忘却。

伴随着战争的爆发，暴力登场，权利退位。我们欧洲人曾经尝试通过一系列在战争中依然有效的国际法规定来维系残存的权利与法律。最终，在《海牙公约》和《日内瓦公约》中确定下来。考虑到后来发生的一切，这些努力不过是徒劳。

人类在哪里使用暴力，就是在哪里唤醒暴力。胜者掌握了决定败者命运的权力。"成王败寇"是永恒不变的法则。战败的一方只有两个选择：灭亡，或者为了生存而服从胜者的意志，接受胜者的摆布。自古以来，求生总是第一选择。

法律是人类崇高的思想结晶，人们将自己的存在建立在这一起源之上。它虽是由暴力提供保障，但却并不由暴力决定。当人们意识到自己生而为人的特性，承认人之为人的身份与状态时，他们就创造了人权的概念。而自然法是这些权利的基础，无论胜者还是败者，都有权援引自然法。

法律思想一旦出现，人们就可以进行协商，以讨论和特定的方法与程序来寻找真正的法律。

在古往今来由政治意志决定的事件中，在胜败分明的背景下，胜者以正当的方式对待败者的情况始终非常有限。这些情况构成了实在法的事实基础，尽管他们本身不再具有法律上的正当性。

只有在犯罪行为和政治连带责任的意义上，法律才能与罪责对应。在道德与形而上学罪责方面，情况并非如此。

而接受法律惩处的人和被政治连带责任波及的人也可以主动表达对法律的认可。前者可以将自己的惩罚视为荣誉和改过自新的机会。后者可以将之视为命运的安排：从这一刻起，他必须将这种状态视为自己存在的先决条件。

宽恕是限制法律与暴力影响程度的举动。无论是具有强大毁灭力的暴力，还是单纯的法律，都处于线性发展的因果关系中。但人性感受到的却是真理，它包含着比这两者更高的本质存在。

第一，在法律之外，还有悲悯，它开辟了不受法律约束的正义之地，因为所有由人写就的法律章程在其效果上都充满缺陷与不公。

第二，尽管可以向败者施加暴力，但胜者仍然选择了宽恕。这一举动或许是出于权宜之计的考量，因为败者可以为他服务；或许是为了摆出宽宏大量的姿态，因为对他而言，饶恕败者不死既彰显其权力，也突出其气度；也有可能是因为胜者内心自觉地遵循具有普适性的自然法的要求。与剥夺罪犯权利的法律不同，这一法则甚少剥夺败者的权利。

## 四、谁在审判，审判谁，审判什么？

在宛若冰雹一般砸下的各种指控中，我们应当追问：谁控诉谁？只有控诉的视角和对象是确定的，且控诉局限于这一范围内的时候，它才是有意义的。只有知道谁是原告、谁是被告的时候，控诉才是清晰的。

第一，我们首先以四种罪责为主线，梳理控诉的意义。被控告者听到的指责既有来自外部世界的，也有来自自己灵魂深处的。

来自外部世界的指责只在涉及犯罪行为和政治罪责的情况下有意义。人们指责的目的是要求惩罚，追究责任。这一原则在司法和政治层面成立，在道德和形而上学层面却并非如此。

有负罪感的人会听到来自内心的指责，它们与自己道德方面的失败和形而上学层面的脆弱有关。如果这里是政治与犯罪领域的行动或不作为的起源，那么指责也与这些领域相关。

道德罪责只能由人主动认领，不能任人向他人宣告，除非是在以爱的斗争为基础的团结之中。在道德方面，没有人能够评价他人，除非是在一种亲密到宛如对待自己一般的情感联结中。只有当他人像我自己一样地支持我时，才会产生这种亲密的联结。在这样的关系中，人们通过自由交流，把原本只能由每个人在孤独中完成的事变成了共同的使命。

主张他人具有某种罪责时，不应从思想方面入手，而应只以特定的行为举动与行为方式为依据。在进行个人评判时，人们往往会考虑思想和动机层面的因素，但是，只有可以通过客观特征，即行为举动与行为方式来确定这些因素时，这样的判断才具有事实依据。

第二，在何种意义下可以审判集体，在何种意义下可以审判个人，这是一个问题。毫无疑问，一国的全体国民受国家行为导致的后果牵连。这里受到波及的是集体，但其连带责任是有限且明确的，不涉及对个人的道德审判与形而上学意义上的指控。即便是那些反对专制政府及其策划的行动的国民也必须承担这一连带责任，类似的情况可以参考机构组织、党派团体与社会群体中的连带责任问题。

但是，惩罚必须针对具体的犯罪行为，并且只能由个体承担。无论被控告者是独自一人犯下罪行，还是与一帮同伙一起。对其罪责的追究一来根据每个人参与犯罪行为的程度，二来则基于其隶属某一团体的身份事实。强盗团伙、密谋叛乱者因其共同行动的属性而可以在刑事意义上被定义为一个犯罪主体，因而只要个人隶属类似团体，就要接受惩罚。

但是，将整个民族视为犯罪主体予以控诉，这样的行为是荒谬的。在一个民族里，犯下罪行的始终只是个别人。

控诉一整个民族的道德败坏也是荒谬的。并没有一种为某一民族全体成员所共有的特征，有的不过是人们语言、风俗习惯和出身上的共同之处。但其中同样存在明显差别。说同一种语言的人也可以在其他方面表现得如此不同，就好像他们根本不属于同一个民族似的。

道德评判只能针对个体，无法针对集体。眼下，将人类看成分属不同集体的存在，而后刻画和评价其特征的思维方式已经广泛存在。但是，这些特征——诸如所谓德国人、俄罗斯人、英国人的特点——不是可以涵盖每一个所属成员的生物学意义上的种属概念，而是泛化的类型概念，一部分人更符合其特征，另一部分人则不大符合。这种集体化思考的特征是混淆了区分门类和归纳类型两件完全不同的事。在其影响下，我们逐渐形成如下概念：德国人、英国人、挪威人、犹太人——更进一步地还有：弗里斯兰人、巴伐利亚人——或者：男人、女人、年轻人、老人。即便这种类型化的观点的确有一定的代表性，也不应认为它所列举的特征可以代表每一个个体。这样一种延续数百年的思维方式是各民族及群体之间宣泄仇恨的手段。令人遗憾的是，对于绝大多数人而言，这是一种自然而然、理所应当的思维方式。纳粹分子以最邪恶的方式运用了它，并通过强大的宣传将这一观念植入人们脑中：世界上没有什么人类，只有那几个集体而已。

不存在一个完整而封闭的民族概念。在定义什么是民族的时候，我们明确的范围被事实所超越。语言、国籍、文化、共同命运——所有这些指示性要素不是彼此独立，而是互相重叠。民族不等于国家，也不等于语言、共同的命运或者文化。

也不能将民族等同于一个有其独特个性的人。一个民族并不会像一个英雄那样慷慨就义，也不会成为凶手，不会采取道德的或者非道德的行动。能这样做的，始终是民族中的个体。作为整体的民族不是罪责的主体，无论是司法、政治（承担政治连带责任的只能是一个国家的公民）还是道德意义上的。

将民族作为一项评价标准是不公正的。它以一种错误的实体化为前提，剥夺了个体作为人类一员的尊严。

认为某一民族拥有集体罪责的流行观点尽管是事实，但其本质就像数千年前进入人们脑海，自此以后口口相传的那个传说一样——耶稣被钉在了十字架上，因此那些犹太人是有罪的。但是，究竟谁是那些犹太人？一群政治宗教激进分子，在当时的犹太人中手握一定的权力，在与罗马占领军的合作下处死了耶稣。

这样一种观点后来竟然发展成为一种普遍共识，甚至在有头脑的人中也占据了主导地位，实在是令人震惊，毕竟，这其中的错误是如此简单明了。人们就好像站在了一堵墙前，听不进去任何道理，看不到任何事实。即便听到或是看到，也会迅速遗忘，因而没有丝毫改变。

除政治上的连带责任外，并不存在所谓一个民族或一个群体的集体罪责，无论是在司法、道德还是形而上学意义上。

第三，提出控诉与指责的人必须拥有相应的权利。谁能够获得这样的权利？每一个进行评判的人都必须面对这些追问：他在多大程度上拥有权力，他审判的目的与动机何在，他与被审判者的关系处于一种怎样的形势中。

在道德与形而上学罪责方面，无需对尘世审判资格的认可。在彼此关爱之人的亲密无间中才可能发生的事，不应以疏远而冰冷的分析强制。上帝审判的事，人类无权置喙，因为人间没有可以代表上帝的权威机关。无论是教堂、国家机构还是经由媒体广为传播的某一公共观念，都不能代表上帝。

当战争胜负已定，在审判政治连带责任方面，胜者拥有绝对的特权。毕竟，他曾投身你死我活的战场，并最终左右了战局。但是，人们也会追问："一个既没有参与战斗，也没有将自己的生命与良知投入其中的中立国是否有资格进行公开审判呢？"（来自一封信）

而当共患难的同胞，当我们这些幸存下来的德国人讨论个人身上的道德罪责与形而上学罪责时，我们可以从一个人的态度与情绪中察觉到他是否拥有审判他人的权利：他是否在谈论自己也同样背负的罪责？他是从内心深处谈论罪责，还是以置身事外的姿态？他是在探索自己的内心，在向最亲近的人提供指引，以便其完成内在探索，还是在以陌生人的身份肆意攻击他人？他是以朋友还是以敌人的立场探讨此事？在所列举的上述情形中，只有前一类主体才拥有毫无疑问的权利，后一类主体的审判权是十分可疑的，至少受到他关爱邻人程度的限制。

而在谈论政治连带责任和刑事罪责时，每一个公民都有权援引事实，以明确的标准与清晰的概念为评判依据参与讨论。在专制政权得到了根本性的否定之后，根据参与程度不同，政治连带责任的大小不同。

政治连带责任由胜者决定。毕竟，对于那些在灾难中想要活下去并且最终活了下来的人而言，正是胜者的决定提供了他们生存的前提。只要是幸存者，就不得不臣服于此。

## 五、辩护

哪里有控诉发生，哪里就有被指控者发声。哪里诉诸法律，哪里就要允许辩护。哪里要行使暴力与强权，哪里就——如果有可能的话——会出现对此的抵抗。

在败者彻底无力反抗的情况下，留给他的选择——如果他还有求生的欲望——就只有承受战败的后果，认可胜者的地位，接受其所作所为。

败者没有力量挑战胜者的推理与判断。尽管如此，只要给予发声的空间，处于软弱状态的思想就会对此有所回应。在允许人讲话的地方，辩护是可能的。胜者通过将其行动置于法律层面的方式来节制暴力。这样的辩护为人们带来以下可能。

1. 辩护能够敦促人们区分不同情况。通过区分不同情况，人们得以明确事实，界定责任，减轻局部负担。通过区分不同情况，人们避免了对复杂问题的绝对化，限制了指责的范围。

将所有情况混为一谈会导致思想观点的含混不清，这一状况又有其现实后果，无论是好是坏，这些后果至少都缺乏正当性。以区分情况的方式进行辩护是在推动正义的实现。

2. 辩护能够促进人们大力挖掘事实，更加强调事实，将不同事实放在一起进行比较。

3. 辩护的时候，人们会诉诸自然法、人权与国际法。而这样的辩护方式受到如下限制：

第一，一个在整体上践踏自然法与人权，起初在本国、而后在对外战争中破坏人权与国际法的国家，无权在自我辩护中要求他人认可那些自己不曾认可过的准则。

第二，当人们同时拥有为权利而战的力量时，才真正地拥有权利。处于全然无力状态中的人们只能在思想层面呼吁人们实现理想中的权利。

第三，对自然法与人权的认可只能通过掌握强权者，即胜者的自由意志实现。它是一种源自理智与理想的举动——一种对败者的宽恕，以认可其权利的形式。

4. 辩护能够揭露不实的指控。总有人——通过混淆罪责概念或引发错误观点的方式——将指控作为服务于其政治、经济等其他目的的武器，以便为自己的行动争取道德认可。尽管将其包装为权利，但这一行为的本质依然是"成王败寇"观念下的征服之举。即便是以一报还一报的方式，依然不改其邪恶本质。

应当坚决摒弃将道德与形而上学意义上的指控用作实现政治目的的手段。

5. 法官拒绝审判——无论是提供合理原因，表明自己无法保持绝对中立，还是由于事情本身的性质超出了人类可以审判的范畴——也是一种辩护形式。

我们认可明确责任归属、施加处罚、要求补偿的行为举动，但拒绝悔过自新的要求，因为它是一种自发产生的内在状态。反抗这类不合理要求的方式唯有沉默。关键在于，当外界同时要求个人完成此事时，要保持清醒与坚定，认识到这一转变过程只能由内心自主完成。

罪责感与认可尘世某一机关具有审判资格是两回事。胜者并不自动获得法官的身份。倘若胜者转变自身对于争斗的态度，明确地界定刑事罪责与政治连带责任的范围，那么它就以实际行动为自己赢得了审判的权利，而不仅仅是巩固了自身的权力。倘若胜者以虚假的理由行动，那么这些行为本身已经制造出了新的罪责。

6. 辩护也可以以反诉的方式进行，例如，指出他国的行为同样是导致灾祸发生的原因；指出他国的相同行径在败者看来属于，也的确是犯罪行为；指出当下，人与人、国与国之间存在着普遍而密切的联系，而它意味着一份共同的罪责。

# 第二章
# 德国的罪责问题

面对罪责问题,每个人都遭受了巨大冲击。冲击来自于战胜国以及全世界对我们德国人的指控。1945年的夏天,城市与村庄的宣传栏贴满了关于贝尔森[4]的图片和报道,以及一句一锤定音的话:"这是你们的罪责!"良心的不安涌上人们心头。震惊之情令许多在此之前毫不知情的人久久不能平静。与此同时,一个问题浮出水面:是谁在指控我?既没有签名,也没有官方声明,那些海报像是凭空出现一般。在这样的情形下,无论指控是否合理,被指控者都会努力为自己辩护。这是人之常情。

政治冲突中的罪责问题非常古老。它曾在诸如拿破仑与英国、普鲁士与奥地利的争端中扮演重要角色。其起源或许可以追溯到古罗马人那里。他们以主张自身道德权利和对敌人进行道德审判的方式来实现政治统治。与此形成鲜明对比的则是注重客观中立的古希腊人与爱好在上帝面前进行自我控诉的古犹太人。

胜者宣告败者的罪责是一种动机不纯的政治手段，同时也是一种穿越历史长河的罪责。第一次世界大战后，通过《凡尔赛和约》，战争罪责问题被推到了德国的身上。但是，各国历史学家后来证明，不存在应由某国一力承担的单方面战争罪责。在当时，正如劳合·乔治[5]所言，人们从四面八方"滑进了"战争的泥沼。

今时今日，情况大有不同。罪责问题的含义听上去与从前大为不同。

这一次，战争罪责问题的答案十分明确。这场战争由希特勒德国发动。德国要为这次战争负责，因为在它的政权选择开战的那刻，其他国家都不愿参与其中。

然而，在今天，"这是你们的罪责"并不仅仅指向战争罪责。

曾经的海报几乎已被遗忘。但它让我们经历过的一切却留了下来。其一是世界谴责我们这一整个民族的现实；其二是我们自己对此深感震惊。

对我们而言，世界舆论是重要的。人们对我们有这样的想法，我们无法对此无动于衷。罪责会进一步成为政治手段。因为我们有罪，所以曾经以及即将发生在我们身上的一切都是咎由自取。这一观点为那些想要瓜分德国的政客提供了正当理由，他们借此限制德国的重建，让德国处于一种半死不活、永无宁日的状态。这是一个不由我们决定的政治问题，即便我们表现得无可指摘，也很难对这一政治层面的决策产生实质影响。此外，将整个民族降格为低人一等的存在，在其丧失尊严之后继续加以折辱，这一举动在政治上是否有意义、有效果、毫无风险、公正合理——这也是一个问题。但在这里，我们不讨论这个问题。我们也不从政治层面讨论，是否以及在何种意义上，承认罪责是必要的与合乎目的的。它很可能成为一份针对德国人民的判决书。这将对我们产生难以估量的巨大影响。我们仍然希望，政治家的决定与各国民众的意见能够彼此修正。但是，我们无权抱怨，只能接受。现实令我们只能如此。国家社会主义导致我们落入听凭发落的软弱状态，而今日之技术发展造就的世界格局中又没有令我们摆脱这一状态的出路。

对我们而言，更重要的是如何照亮自己，评价自己，净化自己。那些来自外界的指责不再是我们关心的问题。来自内心的控诉才是我们眼下还有可能重塑的自我意识的起源。这些控诉在德国人的灵魂中沉寂了 12 年。在这 12 年间，至少曾有一些瞬间，它发出或清晰或沉闷的声音。无论我们是苍老,还是年轻,在内心控诉之下完成自身的转变,正是重塑自我意识的方法。我们必须澄清德国罪责问题。这关乎我们自身。它与外界对我们的指责无关,尽管我们可能听一听这些指责,用它们来问一问自己,或者将它们作为参照。

"这是你们的罪责"这句话可能有如下意味。

你们曾容忍专制政权的所作所为,因此要承担连带责任——这里指向的是我们的政治罪责。

此外,支持并参与这一政权的行动,这也是你们的罪责——这里包含着我们的道德罪责。

当罪行发生时,你们袖手旁观——这里暗示了一种形而上学罪责。

在我看来,这三个说法都符合事实,尽管只有第一句话不偏不倚地道出了政治罪责,因而是完全正确的。第二句话和第三句话则是以审判的口吻指出他人的道德和形而上学罪责,作为没有感情的陈述,它们没有触及这两种罪责最真实的本质。

"这是你们的罪责"这句话也可能有这样一层含义:你们参与了那些罪行,因而是犯人。——对于绝大多数德国人而言,这显然是错误的。

最后,这句话也可能是在表达:你们这个民族是劣等的、寡廉鲜耻的、邪恶的，是人类的渣滓，与其他所有民族不同。——这是一种集体化的思考与评价方式，它将每一个个体纳入一种具有普遍性的模式之中。

以上是对德国罪责问题要点的概述。接下来，我们将深入探讨这一主题。

## 第一节　分辨德国罪责

### 一、犯罪行为

第一次世界大战期间，一些犯罪行为是其他国家单方面所为，与德国无关（对手国的历史学研究得出了同样的结论）。与此不同，无论是第二次世界大战前的德国境内，还是战争期间的整个欧洲，纳粹政府犯下的罪行都清楚明了，无可辩驳。

第一次世界大战后，各国历史学家在研究战争罪责问题时，没有得出不利于任何一方的结论。与此不同的是，发动了第二次世界大战的的确是希特勒德国。

与第一次世界大战不同，这场战争最终发展成了真正的世界大战。在它的冲击之下，世界改头换面，人们的观念与认识也发生了巨大的变化。它的意义与从前的战争完全不在一个维度。

今时今日，我们拥有了世界史上从未出现过的新鲜事物。战胜国组建了一个法庭。纽伦堡审判负责审理战争中的犯罪行为。

这一举措在以下两个方向明确了罪责问题的边界：

1. 法庭审判的对象不是全体德国民众，而是被指控为罪犯的个别德国人——纳粹政权领导层的全体成员原则上都在此列。美国控方代表人杰克逊[6]从一开始就落实了这一区分。他在一次重要演讲中说道："我们想要明确一件事，那就是我们没有控告整个德国民族的意图。"

2. 人们不是将犯罪嫌疑人作为一个整体，而是针对其具体罪行提出控告。《国际军事法庭宪章》明确定义了这些罪行。

（1）破坏和平罪：计划、准备、发动或进行侵略战争或违反国际条约的战争……

（2）战争罪：违反战争法或惯例，包括但不限于谋杀及为奴役或为其他目的而虐待或放逐占领地平民；谋杀或虐待战俘；……掠夺公私财产；任意对城镇和乡村的破坏或非因军事上必要而进行的破坏。

（3）反人类罪：谋杀、灭绝、奴役、放逐平民及其他任何反人类的行为；在本法庭辖区内实施任何犯罪或与犯罪有关的行为，不论该行为是否违反犯罪地之国内法规，基于政治、种族或宗教原因而实施迫害。

在此基础上，还有责任范围的明确。参与制定或执行共同计划或阴谋犯有上述任何一种罪行的领导者、组织者、煽动者和同谋的任何人为完成这种计划而采取的一切行动负责。

因此，诉讼将不只针对个人，也针对符合上述情况的组织。这样的组织同样是犯罪主体，需接受审判。它们有：帝国内阁、国家社会主义工人党的全体政治领导人、党卫军、保安局、盖世太保、冲锋队、总参谋部、德国武装部队最高司令部。[7]

在这场审判中，我们德国人是旁听者。这场审判并非由我们发起，也不是由我们主导，尽管被告是那些将我们引入灾祸的人。"真实情况是，德国人——丝毫不亚于他们以外的全世界——都跟这些被告有一笔账要算。"杰克逊这样说道。

由于这场审判，一些德国人感觉自己受到了伤害。这种感受不难理解。引发这种感受的原因，与导致他人因希特勒政权及其所作所为而指责全体德国民众的如出一辙。一个国家的行为会影响该国公民,一个国家的公民与其所属国家的行为绑定。国家犯罪,百姓遭殃。一国公民会对本国国家元首的遭遇感同身受,即便他们是罪犯。在某种程度上,他们受审意味着民众受审。因此,民众会将国家元首遭遇的不体面与屈辱代入到自己身上,从而对这次审判产生下意识的、本能的抗拒。

实际上,我们正在经历的是令人痛苦的政治连带责任。我们必须体会这种丧失尊严的感觉,只要它是承担政治连带责任的需要。在这种切身感受中,我们体会到它所代表的全然无力的政治状态,体会到我们身为政治因素却完全被排除在政治决策之外的感受。

眼下,问题的关键在于,我们如何理解、解释、适应和转化自己身上的这种本能感受。

人们可能十分抵触这种痛苦感受,进而寻找理由,质疑整个审判的公正、真实及其目的。

第一,有人会提出一些普遍性的观察:战争过去曾伴随,将来也依然会伴随整个人类的发展;导致战争的不是某个民族,而是人类的天性,这是一种无处不在的罪恶;只有肤浅的良知才会认为自己无罪,正是这种自以为是导致了当下的审判,它也会推动未来战争的爆发。

对此,我们的反驳如下。这一次的情况与1914年完全不同。德国蓄谋已久,在没有他国挑衅的情况下直接开战,这一点是毫无疑问的。纽伦堡审判追究的不是德国对于历次战争的责任,而是德国对于这次战争的责任。这次战争本身是世界历史形势中前所未有的新现象。

这时,反对纽伦堡审判的声音就会另辟蹊径,提出新的说法。人们会说,人类的生存中存在着一些无法解决的问题,一再地促使人类诉诸武力,通过这样的方式,人们把问题"交给上天裁决";士兵因此而等同于骑士,哪怕属于战败的一方,如果遭遇不符合骑士精神的对待,就是在侮辱他的荣誉。

对此,我们的反驳如下。德国犯下了无数(不仅毫无骑士精神,而且违反国际法的)罪行,它们导致种族灭绝及其他惨无人道的结果。希特勒的行径从一开始就排除了任何寻求事后谅解的可能性。对他来说,要么胜利,要么毁灭。现在,毁灭的后果就在眼前。尽管不少士兵和部队的确没有作恶,并自始至终遵循骑士精神行事,但是,德国国防军以一个组织的身份接受了希特勒所下达的那些要求实施犯罪行为的命令。从那一刻起,任何主张尊重骑士精神的要求都是立不住脚的。主动背弃骑士精神与高尚品质的德国没有资格在事后出于自身利益要求人们重新尊崇此道。这场战争的爆发也不是由于双方别无他法,只能以骑士的方式一决胜负。无论是起因还是经过,它都充斥着罪恶的行径、狡诈的计谋和肆无忌惮的毁灭欲。

即便在战争中,也可能有所节制。康德曾经说过,战争里不应出现破坏事后和解可能的行为。希特勒德国首先将这一原则弃置不顾。由此导致的结果是,在技术的加持下,本性亘古不变的暴力表现出了不受限制的破坏潜力。面对今日之世界形势,依然挑起战争,是耸人听闻的举动。

第二,有人会说:这场审判是全体德国人的民族耻辱。起码应由德国人组建法庭,让德国人审判德国人。

对此,我们的回应是,德国人的民族耻辱不在于法庭,而在于导致这场审判的原因,在于纳粹政权及其所作所为。身为德国人,这种民族耻辱的感觉无可回避。但因此而反对审判,而不是反对其缘由,实在是南辕北辙之举。

此外,成立一个由德国人组成的法庭,或者让德国人在战胜国的法庭中担任陪审员与陪审法官,不会改变事情的性质。假如出现这样的情形,也只是因为战胜国的恩典,而非德国的自我解放。民族耻辱的感觉依然存在。事实就是,我们没能摆脱犯下种种罪行的专制政权,我们的自由是拜同盟国所赐。审判正是这一事实的后果。

第三,有人提出异议:在政治主权领域何谈犯罪?倘若人们赞同这一做法,胜者自然可以宣告败者为罪犯。但是,这样一来,蒙上帝所赐的权威将丧失其意义与奥秘。那些令一个民族降心俯首的人物——无论是从前的威廉二世皇帝,还是现在的"领袖"都是其中的突出典型——是神圣不可侵犯的。

对此,我们的反驳如下。在欧洲,有关国家生命的一些源远流长的传统观念造就了一种特殊的思维习惯。上述观念正是这一思维习惯的产物。这一传统在德国的生命力最为持久。然而,今时今日,环绕在国家元首周身的神圣光晕早已消失。他们同样是人,同样要对自己的行为负责。欧洲各国人民审判了他们的君主,砍掉了这些人的脑袋。自此之后,监督与节制其领导阶层的政治治理就成为民众的任务。国家行动同时也是个人行动。每个人都置身其中,必须为此而承担相应责任。

第四,有人从司法的角度提出如下异议:只有以法律为依据,才能明确哪些是犯罪行为,违反特定法律才算犯罪。犯罪行为的定义必须明确，事实必须清晰，尤其重要的是，法无明文规定不为罪（nulla poena sine lege）。也就是说，判决只能以行为之前的法律为依据。但在纽伦堡，判决却有赖于战胜国此刻制定的法律的追溯力。

对此，我们的反驳是，在人道、人权和自然法的意义上，在西方国家自由与民主理念的意义上，可以为明确罪行提供依据的法律早已存在。

此外，双方自愿签署的协议拥有级别较高的法律效力。当一方撕毁协议的情况发生时，该协议本身可以成为评判依据。

审判的依据已经具备，审判的机关又在哪里？在国家秩序稳定的和平时期，自然是本国的法院。在战争结束不久的情况下，只能是战胜国组织的法庭。

第五，来自司法角度的另一条反对意见：胜者的强权不等于法律，胜利本身无法代表法律和真理。不可能存在一个客观调查战争罪责和审判战争罪行的法庭。胜者设立的法庭自始至终都有其预设立场，即便是由中立国组成的法庭也是如此，因为中立国缺乏政治权力，实际上只能跟随胜者行动。只有以权力为支撑，必要时甚至可以用暴力将决定强加给争论双方的法庭，才能自由地进行判决。

此外，这一强调法律虚伪性的反对意见还指出，每次战争之后，罪责总是被推到败者头上。败者被迫认罪。紧随战争而来的经济剥削得以伪装成对罪责的补偿。掠夺由此披上法律行为的外衣。——既然没有自由的法律，不如干脆动用明确的强权，这样看上去反倒显得真诚，因而似乎更加容易忍受一些。对罪行的指控原本应当是双方之间的你来我往，但实际能够指控对方的只有胜者。它毫无顾忌地以己方利益为标准。其余的一切表现不过是伪装，真正发生的，是掌握强权者的暴力与随心所欲。

最后，这一反对意见主张，法庭的虚伪性表现在，它只宣判由战败国犯下的罪行，却对独立自主的主权国及战胜国的同样行径保持沉默，没有进行讨论，更遑论作出惩罚。

对此，我们的反驳如下。在人类的世界里，暴力与强权的确是十分关键的现实因素，但不是唯一的因素。将这部分现实绝对化会消解人与人之间一切值得信任的联结。只要情况如此，人们就无法缔结协议。正如希特勒用实际行动表明的那样，协议只有在符合己方利益的情况下才有效。而这也的确是他的行动准则。与此同时，这世上另有一种相反的意志。虽然它承认权力的现实性，承认这种虚无主义观点的影响力，但却认为现实不应如此,因而人们必须拼尽全力改变这一点。

这是因为,在人类世界中,现实并不意味着真理。更多的情况下,一种现实与另一种现实针锋相对。至于究竟选择哪种现实,这取决于人类的意愿。身处个人自由中的每个个体都必须知道自己的立场与自己的愿望。

从这一视角出发,必须指出的是,我们还没有实现由法律保障的世界秩序,纽伦堡审判也还无法建立在这样的基础之上,而是只能停留在眼下由各种政治联系组成的现实之中。它还不是一场发生在封闭国家秩序中的法庭审判。即便如此,这场审判作为促进世界秩序形成的新尝试,仍有其意义。

正是因此,杰克逊曾直言道:"如果允许辩护偏离起诉书中非常有限的指控划定的范围,审判将被拖长,法庭将陷入无法解决的政治争议中。"

这也意味着,法庭辩护针对的不是战争罪责的历史起源这个尖锐而深刻的问题,而是谁发动了这次战争。此外,辩护无权参考乃至判决其他相似案例。政治必要性为法庭讨论设立了边界。但这并不表示,一切讨论都会因此而丧失其真实性。恰恰相反,哪怕所用篇幅不长,但我们已经坦率地表达出了审判所面临的困难与反对。

审判的出发点并不单纯由法律主导，而是同样受到谁取得战斗胜利这一事实的影响。这是我们无法否认的基本情况。无论是整体还是细节方面，其中的道理大体如同人们在违背军法时不无讽刺的口头禅：受罚不是因为违法，而是由于被抓。但是，这一基本情况并不意味着，在取得胜利之后，人类不能将暴力转化为实现法律的力量。即便这一点没有完全实现，即便法律只出现在有限的范围内，但在通往世界秩序的道路上，人类依然迈出了一大步。诸如此类节制暴力的举动会创造出一个反思与检视的空间，一个澄清的空间，由此，人们会更加清晰地意识到暴力本身最有意义的部分——如前所述，它可以转化为实现法律的力量。

对我们德国人而言，这场审判的好处是：首先，它明确并区分了领导阶层成员的具体罪行；其次，它没有对民众展开集体审判。

但是，这场审判的意义不止于此。它首次且永久地把战争定义为犯罪行为并进行追责。它首次实现由《凯洛格-白里安非战公约》[8]开启的事业。毋庸置疑，这一是项伟大的事业，许多人怀抱良好的意愿，推动它的实现。这项事业或许看上去有些异想天开。然而，一旦我们真正理解它的设想,就会为正在发生的事情激动不已。摆在眼前的一个重要的区别是,我们究竟是要站在虚无主义的立场上,洋洋自得地预言,这是一场徒有其表的审判,还是怀抱着热切的希望,期盼着它的成功。

这取决于审判如何进行,取决于人们如何开展与落实审判的内容,取决于审判的结果及其依据,取决于人们采取何种方式回溯过去,将其再现为一个整体。这也取决于世界能否认可,人们在这里所做的事是真理与正义之举。一方面,它是否也赢得了战败国成员的认同;另一方面,未来的历史是否也在其中看到正义与真理。

但是,这一点又不单单由这里发生的事决定。至关重要的是,纽伦堡审判能否成为一系列具有建设意义的政治行动中的一环,哪怕其中交织着错误、非理性、冷酷无情与憎恨;这里树立起的人类准则能否最终推翻建立自身的强权。只有以服从世界秩序的方式,组织纽伦堡审判的各方势力才能证明,它们想要的是以共同体的形式建立世界政府。只有这样,它们才能证明,自己真正想要的胜利成果是对全人类负责,而不是只为各自的国家。这样的证明容不得弄虚作假。

要么这次审判会让世界相信,正义在纽伦堡获得了伸张。在此基础上,政治意义的审判将转变为法律意义上的审判。人们将以创造性的方式为一个终将实现的全新世界奠定现实的法律基础。要么这次审判会令世界失望,因为人们在其中弄虚作假,而不是追求真理和正义。这种失望会在世界范围内形成一种孕育更加可怕的未来战争的氛围。纽伦堡将成为灾难的引子,而不是人类的幸事。最终,世界会断定,这场审判不过是装模作样,不过是徒有其表。绝不能允许这样的情况发生。

因此,面对所有反对审判的意见,我们要说,在纽伦堡发生的是前所未有的创举。这些反对意见道出了潜在的危险,这一点无可否认。但是,这些反对意见犯了两个错误。首先是因噎废食的态度。导致反对意见的不足与干扰都是局部问题,而问题的关键在于行动的方向,在于各方势力是否以坚韧的耐心,用实际行动承担责任。以世界秩序为目标,在混乱中坚持行动才是克服各种局部矛盾的正确方法。其次是冲动暴躁的情绪,它使人不假思索地拒绝。

今时今日,人们越发感到世界秩序的必要性。在纽伦堡发生的事,无论遭到多少反对,都是世界秩序微弱而模糊的预兆。这是全新的情况:世界秩序绝非近在咫尺;在它成为现实之前,人类还将经历激烈的冲突，面对难以估量的战争风险。但是，对于思考中的人类而言，它看上去是可能的，宛若地平线上的曙光，虽然模糊，但已在视野之内。倘若这一秩序最终未能实现，自我毁灭的可怕威胁将出现在人类的眼前。

最软弱无力的群体最能与整个世界的命运休戚与共。它的眼前一片虚无，因而只能追溯起源，寻求全然的接纳。因此，恰恰是德国人最有可能体会到这一预兆不同寻常的意义。

我们自身在这个世界上的平安与幸福取决于世界的秩序。纽伦堡审判还未能使之成形，但已然指向了这个方向。

## 二、政治罪责

罪犯要为其罪行接受惩罚。纽伦堡审判只关注司法罪责，这一举动减轻了德国民众肩上的重负。但这并不意味着，德国民众没有罪责。相反，剥离了司法罪责之后，才能越发看清我们所肩负的罪责的本质。

我们曾经隶属于一个政治国家，其专制政权犯下累累恶行。这个政权自称为德国政府，并主张自己代表德国。这一主张似乎不无道理，因为它的的确确掌握着国家权力，并且，直到1943年为止，没有遭遇任何能够形成威胁的反抗。

历任德国国家政权中所流传下来的诚实与正派遭到了摧毁。这一状况的根源很可能包含在大多数德国人的行为方式中。一国之民众与其所隶属国家的政治权力之间存在连带关系。

就犯罪行为而言，凡是以德意志帝国名义犯下的罪行，每个德国人都要为其承担共同责任。我们与国家政权的绑定关系是以集体形式存在的。问题在于，作为集体中的一员，我们每个人要在何种意义上感受到这种共同责任。在政治意义上，每一名国民都必须为该国行动的后果承担相应责任，这一点是毫无疑问的。然而，在道德意义上，他并不因此而必然在事实上或思想上参与犯罪。在那些罪行中，有一些是由德国人实施，并由同样身为德国人的我们承受，还有一些被我们奇迹般地躲过。难道身为德国人，就意味着我们要为全部这些罪行负责吗？是的——只要我们曾经容忍过这样一个专制政权的诞生。不——只要我们中的许多人曾发自内心地抵制这些罪恶，没有作恶，也没有认同恶行，就足以否认我们身上存在着道德意义上的共同罪责。因政治上的连带关系而肩负共同责任与认识到自身的道德罪责是两回事。

由于一国的国民身份而必须承担政治上的连带责任，这一点造就了集体罪责。但它并不因此而与道德罪责、形而上学罪责及刑事罪责意义相同。承担政治连带责任是艰难的,它为每一个人的生活带来可怕的后果。对我们而言,它意味着政治上任人摆布,经济上贫穷困苦。后者迫使我们长期生活在饥寒交迫之中或其边缘地带,生活在徒劳无功的苦苦挣扎里。但是,这样的责任不触及我们的灵魂。

在现代国家中,每个人都必须采取政治上的行动,最起码要参与投票选举,或者放弃这一权利。政治连带责任的意义就在于,每个人都生活在其中,没有人能够逃避。

政治活跃分子习惯于事后辩解。但是,在政治行动方面,这样的辩护立不住脚。

人们大可以说,当初自己是好意,期盼的是好的结果。人们大可以说,兴登堡倒也算不上是毁了德国,他自己也不愿意把国家交给希特勒的。但是,这样的说法也帮不上兴登堡什么忙。实际上,他的确那样做了。在政治中,一切取决于做了什么。

人们也可以说,当初自己看到了灾祸的征兆,说出了问题,发出了警告。但在政治中,这一切算不上什么。只要没有采取相应的行动,只要行动没有取得成功,在政治上就没有意义。

人们也许会想,总有人过着完全不问政治的生活,像和尚、隐士、学者、研究员和艺术家那样，维持一种超然物外的生活状态。既然他们不问政治，想必也不再有任何连带责任。

然而，他们无法摆脱政治连带责任，因为他们生活在国家秩序中。现代国家中不存在真正超然物外的生活。

人们希望拥有远离世俗喧嚣的生活。但是，这个愿望只能在有限的条件下实现。我们想要开辟出一片不问政治的乐土，怀着诚挚的热爱沉浸其中。但是，一旦停止参与政治活动，不问政治的人也就失去了评判具体的日常政治行动的权利，进而也就失去了自己从事没有危险的政治活动的权利。一个不问政治的领域要求人们杜绝自己产生政治影响的一切可能，但它却无法消除人们身上的政治连带责任，从各种意义上都是如此。

## 三、道德罪责

每个德国人在审视自己的时候都会问，我的罪责是什么？

出现在个体自我审视层面的罪责问题，我们称之为道德罪责。我们德国人之间存在的最大差异恰恰是在这一领域。

能够对一个人下定论的大约只有他自己，但沟通中的我们可以互相交谈，互相帮助，进一步明确自己的道德状态。不同于司法和政治领域，在道德领域应当悬置对他人的评判。

道德评价的可能性有其边界。这一边界以我们的感受为准。当我们感觉到对方毫无道德自省的意图时，当我们在与对方的论辩中只能够听到诡辩时，当我们发现对方似乎根本没有认真倾听时，就是边界所在。对于类似希特勒及其帮凶这样的数以万计的少数人而言，只要他们根本感觉不到道德罪责的存在，就不在这一问题的范畴中。他们似乎不具备悔过自新的能力。他们就是这样。他们眼里只有暴力，因为他们自己也仅凭暴力的手段生存。

道德罪责只存在于有能力接纳良知与后悔的人身上。能够赎罪的人才有道德罪责。这些人知道，或者能够了解到自己的罪责。他们在自我审视中认识到，自己曾经踏上的道路是充满罪责的歧途，无论这条道路是面对事实却安于自我欺骗，是甘愿受人蒙蔽与引诱，是为一己私利而出卖自我，还是出于恐惧而默默服从。我们将探讨其中的一些可能情况。

（1）戴着面具生活

这类举动会带来道德罪责，尽管对于那些想要活下去的人来说，它是不可避免的选择——在盖世太保一类的当局威胁下发表违心的效忠宣言，作出诸如行希特勒礼、参与集会等所有维持表面参与感的行为。对于身在德国的我们而言，谁能免于这样的罪责？只有想要自我欺骗的"健忘"之人能够成功。过去，伪装是我们生存的一部分。现在，它是压在我们良知上的沉重负担。

（2）错误的良知

错误的良知会导致道德罪责。在意识到罪责的那一刻，内心五味杂陈。一些年轻人会在惊恐不安中突然醒悟："我的良知欺骗了我——那么，在这个世界上，我还能相信什么呢？我竟然曾经相信，自己过着理想主义者的生活，愿意为最高贵的目标自我牺牲，只为实现人间至善。"每一个如梦初醒的人都会由此审视自我，反思罪责的根源，无论其直接诱因是思想的含混不清、心灵的视而不见还是因刻意追求一种所谓的"高贵"生活而自我封闭。

首先，我们要区分士兵的荣誉与政治的意义。无论探讨何种罪责，都不应牵涉士兵的荣誉。一个对战友忠诚、对危险无惧、凭借勇气与冷静在战场上生存下来的人有资格在自我意识中保留一些不容侵犯的东西。它既是纯粹的士兵精神，也是纯粹的人性。它普遍存在于所有民族之中。在内心深处保留这种荣誉感不是罪责。不仅如此，如果未被邪恶的行为或执行明显邪恶的命令所玷污，它会为人生的意义提供坚实的基础。

但是，保留荣誉感既不等于认同战斗行为服务的对象，也不代表士兵本人可以免于一切罪责。

不假思索地认为，现实中的政治国家代表了德意志民族和德国军队，是错误良知造成的罪责。一名在战场上无可指摘的士兵有可能受其蒙蔽，从而出于民族情感，自己犯下或容忍他人犯下显而易见的罪行。这就导致了良知与恶行的并存。

对祖国的义务要比对统治者的盲目服从深刻得多。当灵魂遭到摧毁，祖国本身也就不复存在。维护国家的权力本身不能构成目标，尤其是当这个国家正在摧毁德意志的本质时。这样的国家权力反而是邪恶的。因此，对祖国的义务并不必然导致对希特勒的顺从，也绝不等于一种过于理所当然的观念，即认为希特勒政权作为德国的代表，必须赢得战争。正是错误的良知导致了这种理所当然。它不是一种一目了然的罪责，而是一种带有悲剧色彩的迷惘与混乱，在懵懂无知的年轻人中尤其普遍。对祖国的义务应当是为至高无上的目标奉献全部人生，这些目标来自于我们祖先中最杰出的代表，而不是那些宣扬错误观念的偶像。

正是因此，那些哪怕眼见累累罪行，却依然认同军队与国家的目标与手段的人的表现才令人无比惊诧。这种盲目的民族观念包含了一种绝对的坚持，只有转换成以下情景才能理解：在一个信仰逐渐消亡的世界里，坚守最后一块早已荒芜贫瘠的土地。即便这样的坚持中保有一份至纯至善的良知，但它依然是一种道德罪责。

《圣经》中有这样一句话："在上有权柄的，人人当顺服他。"对这句话的误解可能会造成道德罪责。在军事领域，它的含义彻底蜕变为了一种对于命令神圣性的扭曲信仰。"这是命令"——古往今来，这句话中的慷慨激昂感染了许多人，仿佛它说出了至高无上的人生责任。但它同时减轻了人们的心理负担，让人尽可以耸耸肩，把邪恶和愚蠢的事看作必然。这种行为显然受到了服从欲的驱使，表面上恪尽职守，实际上出卖良知，是彻头彻尾的道德罪责。

1933年后，一些人带着对纳粹统治的厌恶步入军队，担任军官，因为这里是唯一不受纳粹思想影响的地方，人们可以在思想上反对纳粹党。这里甚至维持着一种可以凭借自身权力而独立于纳粹党存在的假象。这也是一种出于良知而犯下的错误：当那些信奉传统观念的独立将领被排除在权力系统之外后,终于显露其后果:各个领导层中普遍存在德国军官的道德堕落。也有不少值得敬爱的人物,他们坚守高贵的人格,恪守士兵的荣誉,在军队中徒劳地寻求解救之道。尽管如此,他们的良知同样犯下了错误。

人们当初越是在正直信念与良好意愿的引导下展开行动,后来的失望与自我失望之情就会越强烈。它促使人们审视自己曾经的坚信不疑,扪心自问,应当如何为自我欺骗,为放任自己遭受的每一次欺骗负责。

必须要从这种自我蒙蔽中清醒过来,进行彻底的反省。只有这样,理想主义的青年才能成为真正正直的德国人,道德品质可靠,政治头脑清醒,在谦卑中接受落在肩头的沉重命运。

(3)局部认同与自我平衡

有些人不完全认同纳粹思想——虽然没有彻底接受,但也没有彻底拒绝,此外,还不时在内心进行自我平衡,以致最终与纳粹思想妥协。这同样是一种道德罪责,但它却没有一丝前述类型罪责中的悲剧性色彩。

有人提出不同意见,认为它至少也包含了良善的意图。这种自以为公允的看法在我们德国人中广为传播。但事实上，非此即彼才是对待纳粹主义的诚实态度。假如我认为一个原则是邪恶的，那么与之相关的一切都是邪恶的，那些看似美好的结果只能是假象。正由于那种混淆是非的客观精神乐于发现纳粹主义中的所谓优点，才会导致原本亲密的朋友逐渐疏远。人们无法再对这样的人敞开心胸，畅所欲言。如果一个人抱怨，这世上没有为捍卫古老的自由、反抗社会的不公挺身而出甚至自我牺牲的殉道者，那么他很可能把（通过军备扩张与金融欺骗）消灭失业看作崇高功绩而大加赞扬；把1938年吞并奥地利看作帝国统一这一古老理想的实现而热烈欢迎。他很可能怀疑1940年荷兰的中立，并且为希特勒发动进攻辩护。最可怕的是，他会享受战争的胜利。

（4）自我欺骗

一些人主动沉湎于让自己感到舒适的自我欺骗，告诉自己人们会改变这个邪恶的国家，最迟到领袖去世的时候，纳粹党就会消失；现在人们还不得不置身其中，以便推动事情往好的方向发展。现在，我们来研究一些典型的说法。

军官说："等到战争结束，我们就会在胜利的基础上废除纳粹主义。现在，最重要的是团结一致，带领德国取得胜利。这就好像房子失火的时候要先救火，而不是追问纵火的人是谁。"对于这一说法,我们的回答是:"一旦取得胜利,您就会被免职。您能做的只有高高兴兴解甲归田。到时候,只剩下党卫军还掌握着武器,纳粹的恐怖统治会变本加厉,最终把德国变成一个充满奴隶的国家。人们将不再拥有个人的生活,而是被组织起来修建金字塔,或者根据领袖的心情建设与改造城市、街道。整个国家将发展成一架庞大的军事机器,服务于一个最终目的:征服世界。"

大学讲师会说:"我们在党内扮演反对派的角色。我们敢于发起自由公正的讨论。我们不断创造思想成果。我们将会把眼前的一切逐渐转变为古老的德意志精神的一部分。"对于这一说法,我们的回答是:"您搞错了。人们允许您拥有傻瓜般的自由,条件是您无论何时都保持顺从。您实际上做的是沉默和让步。您的抗争不过是表象,领导阶层乐见其成。只有在埋葬德意志精神方面,您做出了自己的贡献。"

许多知识分子在1933年参与了纳粹的行动,努力为自己谋求影响力。许多知识分子曾经公开表态,支持新政权的世界观。后来,这些人遭到排挤,开始对纳粹感到不满。尽管如此,大部分人还是保持着积极的态度。一直到1942年,战争的颓势变得明显,他们才彻底转变为纳粹的反对者。这些人觉得,自己在纳粹手下遭了罪，因此是影响历史发展的天选之人。他们自认为是纳粹的反对者，并在这些年间形成了一种意识形态。在这些知识界的纳粹主义者看来，是自己在思想领域不偏不倚地表达真理，是自己守护了德意志思想的传统，是自己避免了毁灭，是自己在局部发挥了促进作用。

在这些知识分子中，我们或许能发现这样一些人，他们的罪责源自于一成不变的思维方式。他们不认同纳粹党的教条，但他们的内在态度与纳粹主义完全一致，尽管他们看上去经历了转变，站在了反对者的立场上。或许正是这种特殊的思维方式从根源上造就了他们与纳粹主义本质特征，即反人道、专制独裁、否定存在的虚无主义之间的亲缘性。这样的内在信念不仅以政治错误为根基，而且带着由纳粹刻意煽动的存在感。倘若一个人在1933年已经成年，但却拥有这样的思维方式，这样的人必须经历比他人更为彻底的信念重塑，才能让灵魂重新纯洁。倘若他没有完成这一自我转变，那么他的内心将始终支离破碎，而这样的内心世界会让人更爱追随狂热的思想，过去如此，未来依然如此。那些曾经相信过种族主义言论的人，那些曾经沉浸在建设帝国——尽管这个帝国的基础根本就是一场骗局——的幻想里的人，那些在当时就看到了累累罪行然后选择忍受的人,这些人不仅要承担政治连带责任,还必须在道德方面改过自新。至于他们能否做到和怎样实现这一点,则纯粹是每一个人自己的事情,很难由外界进行评判。

(5)主动与被动

道德罪责在主动与被动方面有所区别。在政治方面积极行动的人是有罪的,无论是负责领导、执行还是宣传的人。哪怕这些行为不构成犯罪,但其主动性仍会导致明确的道德罪责。

然而,我们中的每个人都是有罪的,只要曾经身处不作为的状态。被动意义上的罪责是一种完全不同的情况。当人们感到无能为力的时候,这种软弱无力的状态本身就是在表达歉意,请求谅解;慷慨赴义不是一种道德要求。就连柏拉图都认为,当时代动荡不安,形势令人绝望,保全自身是理所当然的事情。但是,这种被动状态包含着道德罪责:由于冷漠,没有采取一切可能的行动,保护受威胁的人,缓解和对抗不公。在选择屈从于无能为力的软弱境地之前,总还有一个可以采取行动的空间。虽然危险,但多加小心,也能产生影响。当意识到自己由于恐惧而错失这一行动空间时,个人会承认自己道德方面的罪责:对他人的不幸视而不见,内心陷入麻木状态,哪怕目睹惨剧,依然不被触动。

（6）顺应形势

某种程度上，顺应外部世界，做一个随波逐流的人，是我们许多人所共有的道德罪责。为了维持基本生存，为了不失去社会地位，为了保全出人头地的机会，人们成为党员，或者加入其他官方组织。

在这一点上，没有人能够被彻底原谅，哪怕许多德国人实际上并未作出这样的顺应形势之举并因此而承担了不利后果。

人们需要设身处地回想一下1936—1937年左右的形势。那时，政党就是国家，局势看起来异常稳固，只有战争才能推翻专制政权，所有强国都跟希特勒缔结协议，人人想要和平安宁。如果一个德国人，尤其是年轻人，不想完全脱离社会，不想失去工作或者让自己的生意蒙受损失，就不得不适应这一情况。这种情形之下，党员或职业联合会的成员身份不再是个人选择，而是国家恩赐，不是人人都有资格享受。"徽章"是必要的，作为身外之物，无需内心认同。如果在当时对一个人提出入党或入会的要求，他几乎无法拒绝。判断顺应形势之举到底是何种意味，要看该行为发生的背景和动机。时间与情景的不同都会对此产生影响。每个人都有自己的身不由己，也都有自己的未尽之责，只有在个案中才能甄别。

## 四、形而上学罪责

道德总是由内在世界的目标决定。我可能会有必须冒生命危险争取目标实现的道德感。但是，在明知无法达成目标的情况下仍要牺牲生命，这不是道德层面的要求。道德要求人们敢于冒险，而不是选择必然的毁灭。道德要求人们做的选择恰好相反：不要为实现世界的宏大目标而做对个人无意义的事，要为给世界带来具体的改变而延续自己的生命。

但是，我们心中另有一种源头不同的罪责感。形而上学罪责是指人之为人，但却无法实现全体人类的绝对团结一体。这一理想状态超越道德要求的边界，尽管如此，依然是我们心中不可磨灭的需求。只要我的身边有不公不义、伤天害理之事，全人类团结一致的状态就无法实现。就算我为了阻止这样的事而谨慎筹谋，大胆行动，也远远不够。只要这样的事情还在发生，只要它曾经在我身边发生，只要他人惨遭杀害而我却活了下来，我的心中就会响起一个声音，它提醒我：我还活着，这就是我的罪责。

1938年11月，犹太教堂被付之一炬，犹太人被首次强制遣送出境。这件事主要涉及道德罪责与政治罪责，这两种罪责主要存在于手握权力的人身上。军队将领置身事外。罪行发生的时候，每个城市的司令部都有能力介入，因为士兵驻扎的意义就是在爆发警力没有阻止或无法阻止的犯罪活动时保护所有人。但他们没有采取行动。那一刻，他们抛弃了德国军队的荣誉与道德传统。一切与他们毫不相干。为了一架只受自己独特法则支配的军事机器，一架只知服从命令的军事机器，他们将自己与德国人民的灵魂解绑。

在我们德国人中，许多人愤怒不已，许多人深感震惊。这种震惊里埋藏着对即将到来的不幸的预感。但是，更多人只是一如既往地工作、社交、玩乐，仿佛什么都没有发生。这是德国人的道德罪责。

还有一些人，在全然的软弱无力中深感绝望，但却无力阻止不幸的发生。由于意识到了形而上学罪责，他们离自我转变更近了一步。

## 五、总结

1. 罪责的后果

如果我们所说的这些并非完全没有根据，那么毫无疑问，我们德国人，每一个德国人，在某种程度上都是有罪的。

第一，每个德国人都要承担政治上的连带责任，无一例外。他必须参与以法律形式确定的赔偿。他必须承受战胜国行为的影响，承受他们各自的意志与他们彼此的不和带来的后果。政治权力的丧失导致我们没有能力对此施加任何影响。

只有坚持不懈地用理性阐释事实、机会与危险，才有可能对战胜国的决定产生影响。人们有权以恰当的形式，有理有据地向战胜国寻求帮助。

第二，不是每个德国人，甚至可以说，只有极少数德国人需要接受对自己犯罪行为的惩罚，另外一小部分需要为自己参与纳粹活动而接受处分。人们有权为自己辩护。战胜国设立的法庭或由他们组织的德国当局负责审判。

第三，每个德国人都——哪怕是以差别巨大的方式——有道德自省的动机。在这一领域，只有他自己的良知拥有审判资格。

第四，在对于这一灾难的形而上学体验中，每个理解其罪责的德国人都会转变自身的存在意识与自我意识。没有人能够要求，也没有人能够预测转变究竟如何发生。它是只属于个体的使命，只能在孤独中完成。由此产生的结果极有可能为未来德意志民族的灵魂奠定至关重要的基础。

人们或许会为了彻底摆脱罪责问题而将对罪责的

区分用于诡辩,于是会出现如下情况。

政治连带责任——说得好,但它只是限制了我的物质条件,<u>丝毫不触及我的内心</u>。

刑事责任——只涉及少数人,不包括我——也就是说,与我无关。

道德罪责——我听见了,只有我自己的良知有审判资格,其他人无权指责我。我的良心对我没什么苛责。情况不算太糟——过去一笔勾销,欢迎新生活来到。

形而上学罪责——按照刚刚的说法,这东西归根结底是别人证明不了的,只有我自己能在自我转变中体会到它。一个属于哲学家的怪念头。世界上压根没有这样的东西。就算有,我也感觉不到。我可以放心地把它丢到一旁。

我们对罪责概念的拆分可能被用于摆脱罪责。当各种罪责概念的特别之处成为重点时,它们可能遮蔽问题的源头与一体性。

2. 集体罪责

拆解出罪责的不同方面之后,我们最后回到集体罪责这个问题。

我们的拆分虽然具有普遍的适用性,但它同时,正如上文所展示的那样,引诱人们发展出逃避指控、减轻负罪感的花招。拆分罪责时流失的内容恰恰是集体罪责中始终振聋发聩的关键要义。集体化的思考与评价方式是粗糙的，但它不能抹杀我们彼此之间休戚与共的集体归属感。

诚然，真正的集体是在上帝面前全人类结为一体。每个人，无论身处何处，都可以将自己从国家、民族、群体的身份标签中解放出来，通过人之为人的良善意志与共同罪责，凝聚出无形的团结一心。

在过去的发展中，我们始终与关系更近、范围更狭小的集体身份绑定。假如没有它们，我们的自我意识将堕入无尽的虚空。

（1）政治连带责任与集体罪责

首先，必须再次强调如下事实：全世界人的感觉与判断都极大地受到集体化观念的影响。无论德国人的定义是什么，今日的世界已将它视为另类，人人唯恐避之不及。海外的德国犹太人因其德国身份而遭到冷遇，同时，人们主要将他们看作德国人，而非犹太人。受这一集体化思维方式的影响，人们在政治连带责任的基础上，以道德罪责的名义施加惩罚。历史上不乏这种思维方式的身影。战争的野蛮吞噬一个地区的全部民众，将他们视为一个整体，奸淫掳掠，贬为奴隶，任意贩卖。除此之外，这些不幸的人还必须接受道德上的毁灭，它来自胜者单方面的裁决。败者不仅要服从胜者，还要认罪和赎罪。谁是德国人，谁就是邪恶之人，无论基督教徒，还是犹太教徒。

上述观点虽不是普世共识，却也已广泛存在。面对这样的现实，我们不仅有必要将政治连带责任和道德罪责之间的区别用于驳斥，还必须检验集体化思维方式在多大程度上接近真理。我们不放弃区分政治连带责任与道德罪责，但我们同时也通过一个定理对此加以限制，即导致连带责任的行为根植于整体的政治条件，后者同时具有道德特征，因为它是对个人道德产生影响的因素之一。个人无法完全脱离政治条件而存在，因为无论是否有所觉察，他都作为其中一环活着，哪怕是站在反对派的立场上，也根本无法摆脱由此产生的影响。这样的关系就如同人们因共同生活在一起而形成了特定的生活方式，其中存在着某种道德意义上的集体罪责。这样的生活方式孕育特定的政治现实，而我作为集体的一员，参与了这样的生活方式。

政治条件与人类的整体生活方式密不可分。只要人类不是像隐士那样以离群索居的方式走向毁灭，就不可能把政治与做人彻底分开。

瑞士人和荷兰人是由政治条件塑造的。而在政治条件影响之下，身处德国的我们也在长期的教育中形成了高度的服从意识、浓厚的王权思想、冷漠的政治态度,并缺乏责任意识。即便我们本身反对这些倾向,但我们身上依然保有它们的残余。

全体民众在事实上承担着所有国家行为的后果。"昏君闯祸,黎民遭殃"(quidquid delirant reges plectuntur achivi)是经验事实。而民众意识到自己被与这一事实绑定,是其政治自由觉醒的第一个标志。只有在这个知识存在并被承认的情况下,自由才会真正出现。否则的话,存在的不过是一群不自由的人向外扩张的要求。

内在的政治不自由一方面导致服从,另一方面让人免于负罪感。知道自己身处连带责任之中,是想要实现政治自由的内在转变的开始。

有关国家元首的观点体现了政治自由与不自由两种思想之间的对立。历史上不乏各国人民一再容忍其领袖的事例。当这样的情况发生时,民众是否要为领袖的行为负责?以法国之于拿破仑为例,有这样一种看法:绝大多数法国人追随了拿破仑,他们想要权力,想要拿破仑获得的荣誉;拿破仑之所以能够成事,是因为法国人希望他这样,他的伟大之处在于他明确无误地理解了人民大众的期望,懂得他们想听什么话,想要怎样的表面风光和物质现实。但是,伦茨的反问不无道理："一个国家的诞生，难道是因为它符合了法兰西天才的愿望？"是的，某个角度，某种情况下，可以这样理解。但是，这里的天才并不是指法兰西民众！谁能就这样轻易确定一个可以代表全民族的天才？更何况，同一个天才也造就了完全相反的现实。

也许，人们会想，一个民族选择它顺从的对象，将自己的命运与其绑定在一起，恰如一个人选择他所爱之人，通过婚姻组成命运共同体，共度一生。选择错误是一种罪责，必须咬牙承受它的后果。但是，这种观点恰恰歪曲了重点。婚姻中可能且恰当的原则——无条件地忠于一个人——对于国家而言却无异于毁灭的开端。仆从式的忠诚是原始时代狭小圈层中形成的非政治关系。在自由的政治国家中，权力由所有人轮流主导，受所有人共同监督。

由此形成的是一种双重罪责，它既存在于政治上对领袖的无条件服从，也存在于所服从的领袖的秉性之中。与此同时，这种集体服从的氛围则构成了集体罪责。

（2）个人的集体罪责感

对于家庭成员的所作所为，我们感到自己负有共同的责任。这种共同罪责无法客观衡量。尽管拒绝任何方式的连坐，但当某个家庭成员做了错事时，由于血缘关系的存在，我们依然会感觉自己受到牵连，并且也因此而倾向于根据家人的行为性质与受害人的具体情况进行补偿，尽管我们在道德和法律上没有这样做的责任。

出于同样的原因，德国人——即讲德语的人——会感觉到德语及其相关的一切给自己带来的影响。它与国籍无关，而是一种基于思想和精神生活的共同归属形成的感同身受。我会与其他和我说同一门语言、拥有同样出身背景、经历了同样命运的人之间产生这样的感受。这并不是导致某种明确罪责的理由，而是类似于共同罪责的存在。

我们不仅感觉自己更深入地参与了当下的一切，需要为同代人的行为承担共同责任，也感觉自己与流传至今的历史传统之间有着密切关联。我们必须承担起父辈的罪责。德国生活的思想前提中存在着孕育这样一个专制政权的可能性，这导致了我们所有人的共同罪责。这绝不代表我们必须承认"德国思想世界""德国历史思想"就是纳粹暴行的起源。尽管如此，它的确意味着，在我们身为德意志人的民族传统中存在着一些东西，强大而危险，败坏了我们的道德风气。

在我们的自我身份认同中，"我"不仅是一个孤零零的个体，也是德国人中的一员。每个人都如其所是地代表着德意志民族。谁的一生中没有经历过这样的时刻呢？当反对同胞的所作所为时，我们会充满绝望地自言自语，我竟是德国人；当赞同的时候，会欢欣鼓舞地说道，我可是德国人！德意志性体现在每一个构成它的个体身上，没有除此之外的其他形象。因此，无论是要求我们进行自我转变、实现浴火重生还是清除集体思想中那些败坏道德的元素，都是以个人使命的形式出现的民族使命。

因为我无法摆脱灵魂深处的集体归属感，因此对我，对每一个人来说，德国人的身份不是一个既定事实，而是一种使命。这与将一个民族中的所有人绝对化为特定类型的人群完全不同。我首先是人，具体而言，一个弗里斯兰人，一名大学教授，一名德国公民。我和其他一些集体之间的关联可以密切到灵魂融合的程度，和所有我能感觉得到的团体间存在或远或近的关系。某些时候，关系的密切程度让我几乎有一种自己是犹太人、荷兰人或英国人的感觉。然而，德语是我的母语，被德语包裹的生活造就了我的德国人身份。这一事实的影响是如此长久，以至于我感到，自己需要对德国人曾经做过、此刻在做的一切负责，哪怕从理性的角度出发，这种感受方式不仅难以理解，而且应当反对。

我对那些拥有同样感受的德国人感到更加亲近一些,对那些在灵魂深处对此持否定态度的德国人则感觉恰恰相反。这种亲近首先意味着一项令人振奋的共同任务:不要做我们现在已经是的那种德国人,做我们尚未但却应该成为的那种德国人,做像我们伟大祖先的呼吁中所要求的那种德国人,而不是民族偶像的故事里所鼓吹的那种。

我们感觉到了集体罪责,进而才会感受到从起源之处改变人类存在状态的全部使命。这是生活在地球上的全体人类的共同使命。当一个民族因自身的罪责走到了虚无的深渊之前时,它会更加清楚地感觉到这个使命。对它而言,这个使命更为迫切,并且生死攸关。

写到这里,身为哲学家的我看上去似乎已经完全失去了对概念的把握。这是由于语言已经到达其表达力的极限,只能用否定的方式提醒各位,我们作出的所有区分与界定都不应成为止步不前的借口。不应用它们来摆脱问题,逃避我们在人生道路上继续前行时所面临的压力。只有经历了压力,生命中最宝贵的东西——我们灵魂的永恒本质——才会变得成熟。

## 第二节 辩解的可能

我们自己和那些希望我们好好生活的人也在思想方面做好了妥善准备，希望能减轻我们背负的罪责。有这样一些观点，它们以相对温和的方式看待问题，与此同时，却更加犀利地捕捉和刻画了相应罪责的特性。

### 一、恐怖统治

纳粹专制政权下的德国是一座监狱。困在这座监狱里的罪责是政治罪责。监狱的大门一旦关闭，就无法再从内部打开。从这一刻起，要讨论被囚禁者因之而产生的责任与罪行，都必须以这样一个问题为背景：现在还能够做些什么。

让监狱之中的全体囚犯为监狱看守的暴行负责显然是不公正的。

有人说，数百万人，数百万的工人，数百万的士兵，他们原本应该进行反抗。他们没有这么做，而是为战争劳动，为战争战斗，因此是有罪的。

对此的反驳是，1500万外国劳工同德国工人一样为战争劳动。人们无法证明，前者那里出现了更多的暗中破坏行为。只有在战争的最后几周，全面的崩溃已经开始后，外国劳工才似乎展开了规模更大的行动。

在没有领导人组织的情况下展开大规模行动是不可能的。要求一个国家的民众集体反抗实施恐怖统治的政府，是不切实际的要求。对恐怖独裁的反抗只可能零星发生，彼此之间没有现实关联，自始至终没有他人知晓，以致从结果上看，反抗本身也不为人知。这样的反抗是寂静无声地走向死亡。只有极少数例外情况因其特殊性而为人所知，但也只是在有限的范围内口口相传（例如绍尔兄妹和胡贝尔教授的英勇举动[9]）。

人们提出控诉的方式也令人惊诧。希特勒德国崩溃不久后，弗兰茨·魏弗尔（Franz Werfel）写过一篇文章，无情地控诉整个德意志民族。他在文中写道，只有尼莫拉[10]进行了反抗。然而，在同一篇文章中，他又写道，曾有数十万人在集中营中遇害。——他们为何遇害？恰恰是因为他们进行了反抗，哪怕大部分人只是语言上的。正是这些无名殉道者毫无反响的消失更加清楚地揭示出这一事实，集体反抗是不可能实现的。直到1939年，只在德国境内有集中营，而即便在1939年后，集中营里相当一部分被关押者也都是德国人。1944年，每月逮捕的政治犯都超过4000人。一直到战争的最后一刻，集中营都在，这一点证明了德国一直存在着反抗的力量。

有时候,我们感觉从某些人的控诉中听到了一种假仁假义的腔调。这些控诉来自一群当初逃离了危险的人。他们最终生活在了国外,尽管已经没有恐怖统治迫使他们必须如此。他们在国外遭遇了身为流亡者的艰辛困苦。尽管这根本无法与在集中营的痛苦、死亡以及生活在德国的恐惧相提并论,但他们此刻却将自己的流亡经历视为一种与之相当的功绩。面对这样的声音,我们有权不卑不亢地表达反对。

也有一些不偏不倚的人洞察了纳粹施行的恐怖统治及其后果,并且发表了自己的观点。1945年3月的《政治》(*Politics*)杂志中,德怀特·麦克唐纳德[11]这样表示,要么杀人,要么被杀,这是恐怖以及生活在恐怖之下的人们被迫承担的罪责达到极致的表现。他还提到,一些指挥官收到了杀害无辜平民的命令,拒绝参与此类暴行,因而遭到枪决。

汉娜·阿伦特的观点是,恐怖导致了令人震惊的现象,即德国民众共同参与了领导者的罪行。一直服从着的人变成了共犯。尽管是在有限的程度上,但它的确发生了——发生在那些人们以为绝不可能做出这种行为的人身上,例如承担家庭责任的父亲、恪尽职守的勤劳公民。他们在各个行当兢兢业业地履行职责,也在集中营中兢兢业业地进行谋杀，或者受命犯下其他罪行[12]。

## 二、罪责与历史关联

原因与罪责是两回事。说明某事为什么会有这样的发展，何以必然有这样的发展，不可避免带有辩解的性质。原因是我们无法直接看到的，并且包含某种必然性；罪责则带来洞见，并且自由心证。

这也是我们所习惯的处理政治事件的方式。历史的因果链条似乎免除了民众的责任。因此，当一些颇有说服力的原因让灾难显得不可避免时，满足感会油然而生。

如果涉及自己当下的行为，很多人都倾向于主动承担责任，并且强调责任的重要性。他们想要摆脱外界的限制、条件与要求带来的不确定性。但另外，如果面临失败，很多人倾向于拒绝责任，转而强调一些主观想象中无法避免的必然情况。人们只愿意谈论责任，不愿意承担责任。

与此相对的是，这些年来，总会听到这样的说法：德国打赢了，是党的胜利与功绩；德国战败了，是民众的失败与过错。

然而，就历史上的因果关系而言，只要人类行为本身是一个因素，就无法将原因与责任彻底分开。在人类行为本身就是历史因果链条一环的情况下，人们无法将其中的原因与责任彻底区分开来。只要人类的决断与行动共同作用于事件的发展，是原因的，就同时也是罪责或者功绩。

那些不受意志与决断影响的事，总归同时是人类的任务。正如自然条件最终产生的影响也同时取决于人类如何理解它，处理它，利用它。历史认识绝不可能将事物发展理解为必然。这种认识无法提供有关未来的准确预言（但在天文学中却有可能），也不可能在回顾过往时，以事后回溯的方式认识到整个事件及个体行动之间究竟有什么必然关联。在两种情况下，它看到的都是一个充满可能性的空间。在审视过去的情况下，可能性更加丰富，也更加具体。

这种历史-社会观及其刻画与呈现的历史画面本身也是事件的一环。在这一意义上，它同时也是一个责任问题。

而那些在自由的范畴之外，因而也在罪责与责任之外的既存条件，我们主要称之为地理条件和世界局势。

（1）地理条件

德国四面与他国接壤。如果它想要以一个政治国家的形式存续，就必须时刻保持军事上的强大。在实力弱小的时代，它曾沦为西方、东方、北方乃至南方（土耳其）国家的猎物。由于地理位置的缘故，德国从未体验过如英美那样远离威胁的安宁状态。为了有力推动内政发展，英国可以任由其外交与军事在数十年间处于软弱无力的状态。即便如此，它依然不会遭到侵略。1066年是最后一次外敌进犯。如果一片土地像德国那样缺乏作为清晰边界的自然屏障，为了保障自身生存，生活在那里的族群就不得不建立军事国家。在很长一段时间内，采取这一方式的是奥地利，而后是普鲁士。

每个国家的特点与其军事性质都给德国的其他地区打下了深深烙印。然而，在人们的感受中，它们却始终是一种陌生的存在。需要费大力气才能掩盖的一个事实是，归根结底，德国境内要么总是上演着一个异族统治其他异族的戏码，尽管这些族群的成员都属于德国人，要么则会因各族力量过于松散而无力对抗整个区域之外的力量入侵。

因此，德国历史上没有长期有效的中心，只有转瞬即逝的重心。德国不断变化的重心导致对每一个人而言，能够唤起自身认同感的只有其中的某一部分。

德国历史上也没有可以吸引所有人汇聚在一起的

思想中心。曾经我们的古典文学和哲学也还不属于底层民众，而只属于一个受过高等教育的狭小社会阶层，它以语言为纽带，超越一切国家疆界。但在一个这样的阶层中，就连对于"什么是伟大"，也很难形成统一意见。

人们当然可以说，地理条件造就了这片土地上的军国主义，从而导致广泛存在的仆从思想与奴性表现，导致了自由意识与民主精神的匮乏。此外，地理条件也造成了这片土地上的国家形态交迭频繁，只有当有利的外部形势和审慎而强势的杰出领导者同时出现，一个国家才能存在得稍微长久一些；而只需要一位缺乏责任意识的领袖就能够带领国家，带领德意志走向彻底的政治毁灭。

这些看法的基本脉络是正确的。但对我们来说，最重要的是，不要把它绝对化为必然的因果联系。形成怎样的军事形式，是否会有明智的领导人产生，并非只由地理条件决定。

在相似的地理条件下，罗马人的政治活力、紧密团结与沉着冷静带来了完全不同的结果。他们统一了意大利，并最终建立起一个世界帝国，尽管在帝国的晚期，自由同样遭到了破坏。罗马共和国有极高的研究价值（因为它显示出，军事发展和帝国主义怎样让一个具备民主思想的民族走到了丧失自由和拥护独裁的地步）。

如果说各种地理条件产生的影响中还存在着一个未知的自由空间，人们习惯于将其理解为具有决定性作用的民族天性，一个处于罪责和责任范畴之外的因素。眼下，无论贬低还是褒扬，人们将其用作进行虚假评判的手段。

自然条件为我们的生命提供了存在与发展的基础，其中很可能蕴含着一些对我们影响至深的因素。这种影响力或许会持续深入到我们最底层的精神世界，但是，我们对此几乎一无所知。有关民族天性的认识不过是基于直观印象形成的本能。这些印象既引人注目，又颇具欺骗性，在短暂的瞬间显得令人信服，但终究无法经得起时间考验。即便凭借所谓的人种学，这种本能式的判断也无法脱胎换骨，成为真正的知识。

实际上，人们总是用精心挑选的历史现象描绘民族性格。这些现象已经是历史事件以及在其影响之下的各种条件的产物。只有在与其他各组现象进行比较时，这样一组松散的现象才能成为一个类型。在不同形势下，会出现完全不同的可能性。这些在此之前受到遮蔽的可能性而今却被冠以"性格"之名，大白于天下。或许有像天赋一样天然存在的性格特征，但是我们完全不了解它。

因此，我们不应以此为借口，推卸责任。身为人类，我们必须认识到，自己处于一个连接各种可能性的自由空间之中。

（2）世界局势

尽管德国位于欧洲中心，缺乏可以提供保护的自然屏障，但是，与这样的地理环境相比，使德国比其他国家更容易受到世界影响的关键因素是德国的世界地位，世界范围内正在发生的事情以及其他国家对待德国的态度。因此，兰克[13]所认为的观点，即对德国而言，外交政策的重要性高于国内政策，在历史上根本不成立。

我无意于在此介绍20世纪上半叶以来各种事件与行为方式之间的政治关联。它们对于德国境内的各种可能性绝非毫无影响。然而，我更想关注的是一个内在的现象，一个世界范围内的思想现象。人们或许可以从如下角度理解现实。

在德国发生的，是整个西方世界范围内一场持续的思想与信仰危机的大爆发。

这一阐释并不能减轻我们的罪责，因为它爆发在这里，在德国，而不是其他地方。但是，理解了这一点，有助于避免人们孤立地看待问题。这对其他国家有启示意义，因为它与每一个人有关。

明确这一世界史意义上的危机局面究竟有哪些表现，并不是那么容易。人们对基督教及其经典的信仰程度逐渐衰退，并在信仰缺失的情况下，开始寻求替代品。新的技术和工作方式导致了社会的转变，它不再服从事物的自然属性，而是以不可阻挡之势奔向社会主义的秩序。在这一秩序中，广大群众，社会中的每个人都应获得其生而为人的权利。整体情况在哪里都大致相同，以至于人们发出了这样的声音：改变一定要发生。在这样的形势下，那些受冲击最严重的人，不满情绪最强烈的人，更容易相信操之过急、鲁莽草率、谎话连篇的解决方案。

这是一场席卷全世界的转变。德国在其中拐上了这样一条充满谎言与欺骗的岔路，而后跌入深渊。

## 三、其他国家的罪责

还没有在自省中理解自身罪责的人会有一种指责控诉者的倾向。

我们德国人身上也存在着这种反击的倾向。它标志着此刻我们还没能完全理解自己。在这场灾难中澄清对自己的认识是我们每个人的第一要务，因为只有在持续的自我审视中，才能奠定我们从自身本质起源中获得新生的基础。

但这不代表，我们不能在审视其他国家的时候去分辨现实与真理。正是这些国家最终将德国从希特勒的桎梏中解放出来。我们未来的人生也受到他们所作的决定的影响。

我们必须，也有权利认清，其他国家的行动是如何令我们自身所面临的内部与外部形势变得更加艰难。我们与这些国家生活在同一个世界。他们的行动，无论过去还是未来，都会影响这个世界。而我们则要在这种影响下找到自己的出路。我们必须抛弃幻想。我们既要警惕盲目的抗拒，也要小心盲目的期望。

"其他国家的罪责"这样的字眼难免有误导性。更准确的表述是，当这些国家以其行为推动了相关事件的发生，这样的做法就构成了政治罪责。但是，在阐释这一罪责时，必须时刻谨记，它与希特勒的罪行不可同日而语。

对我们而言，有两个行为至关重要：第一次世界大战的战胜国自1918年以来的举动，希特勒德国建立时这些国家的袖手旁观。

第一，1918年，英国、法国和美国是战胜国。世界历史的发展进程掌握在它们，而非战败国的手中。面对这份独一无二的责任，战胜国要么承担，要么逃避。如果选择逃避，则其历史罪责显而易见。

战胜国想要以独善其身的方式静观世界局势变化，这样的愿望是不切实际的。如果一个事件预示着可怕的后果，而它们拥有阻止这一事件的力量，不去使用自身具备的这种力量便是其政治罪责。只以书面形式进行谴责，是在逃避责任。我们可以指控战胜国的不作为，当然，这并不能消除我们自身的罪责。

人们可以进一步指出，战胜国的罪责体现在《凡尔赛和约》及其后果上，体现在它们任由德国落入催生纳粹主义的状态之中。人们可以批评战胜国对日本攻占满洲里和对1935年意大利入侵埃塞俄比亚的容忍。前者是最早出现的暴力事件，它的发生已经为世界敲响了警钟；后者则是墨索里尼的暴行。人们可以指责英国的政治方针。在日内瓦国际联盟，英国通过了制裁墨索里尼的决议。但是，英国既没有即刻消灭墨索里尼的意愿，也没有采取实际行动，协议沦为一纸空文。与此同时，英国也没有反其道而行之，旗帜鲜明地与墨索里尼独裁政权结盟，将其转变为希特勒的反对者，从而使当时的和平更加稳固。墨索里尼已经做好了与西方各国一起对抗德国的准备。早在1934年希特勒想要进军奥地利的时候，他就进行了军事动员，并发表了日后被迅速遗忘的反对希特勒的威胁性演讲。但是，英国的暧昧态度导致了希特勒与墨索里尼的结盟。

不过，必须指出的是，没有人知道，作出其他选择会带来什么后果。更何况，英国人奉行的是道德主义的方针政策（纳粹主义甚至预料到了这一"弱点"），他们因此而无法在政治方面毫无顾虑地采取迅速有效的措施。他们想要和平。他们想要抓住每一个可以维持和平的机会，直到不得不采取极端措施。只有在明显无望的情况下，他们才准备开战。

第二，世界上不仅有各国国民形成的一国之团结，也有欧洲人的团结与全人类的团结。

当德国这所监狱的大门关闭的时候，无论是否有充足的理由，我们曾经寄希望于欧洲人的团结一致。

那时的我们还没有预料到随之而来的恐怖后果与可怕罪行，但我们已经看到，自由正在迅速消失。我们知道，这样一来，掌权者获得了独断专行的空间。我们看到了不公正的事和遭受排挤的人，尽管与后来几年的情况相比，问题还算不上严重。我们知道集中营的存在，但是我们还不知道那里发生的人间惨剧。

我们深陷这样的政治状态。我们失去了自己的自由，必须在一群毫无文化修养的残暴之徒的专制统治下生活。这是我们所有身在德国的人必须承担的共同罪责。但是，为了减轻这一罪责，我们同时也有权利说，在德国所发生的一切，本质上是一种违法犯罪与暴力活动的结合体，我们是这一状况的受害者。正如在一个国家里，被不法行为侵害的人希望国家秩序能够保障他的权利，那时的我们也曾希望，能够有一种欧洲秩序阻止这样的国家罪行。

有这样一段对话，令我难忘。那是在1933年的5月。我与一位后来流亡海外，而今生活在美国的朋友[14]，在我的公寓里热切探讨西方强国迅速出兵德国的可能性。在我们看来，如果这些国家再等一年，那么希特勒彻底大获全胜，德国一败涂地，欧洲或许也一败涂地，这些将成为定局。

我们这些人从思想的根源上经历着现实的冲击，因而对一些状况目光敏锐，对其他则熟视无睹。我们在这样的状态下经历了后续事件。它们不断引发新的惊惧。

1933年初夏，梵蒂冈与希特勒缔结条约[15]。帕彭[16]主持了谈判。这是国际社会对希特勒政权的首次正式认可，为希特勒本人赢得了巨大的声望。起初，这件事看上去绝无可能。然而，它终成事实。我们的内心因而充满恐惧的阴云。

后来，所有的国家都承认了希特勒政权，人们的钦佩赞叹之声不绝于耳。

1936年，柏林举办奥林匹克运动会。全世界的人涌入其中。而我们只能痛心地怒视着每一个外国人，看着他出现在那里，而后又离我们而去。但是，如同许多德国人一样，他们的确对实际情况知之甚少。

1936年，希特勒占领了莱茵兰。法国容忍了这一举动。

1938年，《泰晤士报》发表了丘吉尔给希特勒的公开信。信中这样写道："1918年的德国曾经陷入民族危机。假如英国经历类似的不幸，我会祈求上帝，赐予我们一个拥有您这般意志力与精神力的人。"（我自己也还记得原文，但此处转引自勒普克。[17]）

1935年，英国通过里宾特洛普[18]与希特勒签订海军协定。对我们来说，这意味着，只要能与希特勒保持和平关系，英国完全可以弃德国民众于不顾。我们对他们无关紧要。他们还没有承担起欧洲责任。邪恶在欧洲潜滋暗长之时，他们不仅袖手旁观，而且与狼共舞。他们任由德国人身陷实施恐怖统治的军事国家，在报纸上发表谴责，在行动上却坐视不管。我们身在德国，无能为力；而他们原本还可以抓住时机，或许不必以惨重的伤亡为代价，帮助我们重建自由。他们没有行动。这一选择有其后果。它造成了更大的伤亡。

1939年,俄国与希特勒签订协议。没有什么可以阻止希特勒发动战争。开战之后,所有中立国都保持观望。想要迅速铲除邪恶势力,需要各国齐心协力。当时的世界远未达到这一程度。

在出版于瑞士的著作中,勒普克描绘了1933—1939年间德国的整体情况。

"纳粹的邪恶力量打开了地狱的大门。首先被吞噬的是德国,然后是世界的其他部分。1930—1939年间,各种预示地狱来临的警示信号发出越来越尖锐的声音,但世界对此置若罔闻。今日的灾难正是世界必须为此而付出的惨重代价。此次战争的恐怖恰如它曾放任德国陷入的恐怖。而在彼时,各国甚至还与纳粹维持正常关系,共同组织国际节日与国际会议。"

"今天,每个人都应当意识到,德国人是这种野蛮入侵的第一批受害者。纳粹运动以自下而上的方式将德国人兜头盖住,用恐怖统治的手段和群体催眠的手法控制民众。每个人都应当意识到,后来在被占领国发生的一切,首先发生在了德国人自己身上,这其中也包含最可怕的命运:在引诱与胁迫之下,成为继续征服和压迫他人的工具。"

当罪行发生的时候,当专制政权巩固自身力量的时候,人们指责我们,在恐怖统治之下没有采取任何行动。实际情况的确如此。但我们有权利追溯过往，指出当时其他国家——在没有恐怖统治的情况下——也没有采取任何行动。它们的不作为无意间促进了纳粹势力的扩张。会这样做，是因为它们将发生在另一个国度的问题看作与己无关之事。

我们是否应当承认，我们是唯一的有罪之人？

是，只要涉及的是谁发动了战争的问题；

只要涉及的是，谁首先以恐怖主义的形式组织了所有力量，使其服务于战争这一唯一目的的问题；

只要涉及的是，谁身为一个民族的一员，身处自己的国家之中，却背弃了该民族的本质特征的问题。

还有一个问题，谁犯下了史无前例、绝无仅有的暴行。德怀特·麦克唐纳德表示，尽管战争中的许多暴行为交战双方所共有，但还有一些却是德国独有的。它们表现为一种缺乏政治意义的偏执的仇恨，一种用尽现代技术手段的冷静施展的残忍，这种残忍带来的折磨超越一切中世纪刑具。但是，施展这种独特暴行的是少数德国人，他们是一个很小的群体（一些在命令之下参与协作的人构成了这一群体的模糊边界）。德国的反犹主义从来都不是一场全民运动。没有民众参与过德国的种族屠杀，也没有针对犹太人的自发性暴行。倘若德国民众不曾以微弱的声音表达过自己的不满，也至少在沉默中与官方行为保持了距离。

我们是否应当承认，只有我们有罪？

不，只要这句话指向的是我们作为一个整体，作为一个民族的某种持久天性。这种思维方式给我们贴上了邪恶民族的标签，好像所有后果都是我们咎由自取。要反驳这一流行观点，我们可以提醒人们注意各种事实。

但是，这一章节的论述也有可能会对我们的内在状态产生危险的影响，除非我们同样铭记那些重复如下的事实。

第一，所有可以归咎于他人的罪责，以及他人主动认领的罪责，都不可与希特勒德国犯下的罪行同日而语。他人的罪责在于放任自流，摇摆不定，在于一种政治上的错误举动。

至于对手也将集中营用作战俘营，也进行了首先由德国展开的战争行为，这些是战争的后果，而非核心问题。停战之后发生的事件，无论是德国在投降之前遭受的打击，还是投降之后继续遭到的破坏，也不在我们的讨论范围内。

第二，我们论述各种罪责，是为了洞悉自身罪责的意义，即便在谈论他人罪责的时候也是如此。

第三，"别人也好不到哪儿去"——这样的说法在一定程度上成立。但是，将它用于当下语境显然是错误的。总体而言，在过去的12年里，其他人确实比我们好得多。我们自身的罪责问题是立足当下的特殊真理。不应用具有普遍性的真理消解它。

## 四、所有人的罪责？

对于强国之间在政治行为层面的摩擦与冲突，人们会说，这是政治不可避免的一面。但是，我们的回应是：这是全体人类的共同罪责。

再现他人的行为不是为了减轻我们自己的罪责。这么做的理由源自我们对全人类命运的忧虑。生而为人，我们与其他人共同拥有这样的忧虑。今时今日，我们不仅意识到了人类是一个整体，而且，借助技术时代的各种成果，作为整体的人类正在为实现其秩序而努力。当然，这份努力也可能毫无成果。

我们所有人都是人类的一分子。我们有权忧虑全体人类的命运。我们的期盼或许可以表述为，假如胜者不是像我们这样的凡人，而是没有私欲的世界统治者，那么最终发生的一切，该是多么令人安心。假如是这样，他们会凭借自己的远见卓识，引导为我们带来幸福的，包括富有意义的补偿工作的重建。他们会用自己的实际行动树立典范，让我们体会到真正理想的民主状态,让我们每天都能感受到,它是令人信服的现实。他们会在开诚布公的理性谈话中达成一致,迅速以有意义的方式解决目前出现的所有问题。那么,无论公开还是私人谈话之中,欺骗与假象将不再可能,隐瞒与区别对待将不复存在。我们的民众将获得最杰出的教育,我们全体国民的思维将获得最富有活力的发展,我们将实现最富有思想性的精神传承。而后,我们会得到严厉,但同时也是正义、善良、友爱的对待,哪怕那些遭遇不幸之人与误入歧途之人只流露出最轻微的友善。

但是,他人和我们都不过是平凡人类。人类的未来掌握在他们的手中。身为人类一员的我们,我们的生存状态,我们本质特征的各种发展可能,都与他们的行动及其后果绑定。因此,对我们而言,去感受他们的所欲所求、所思所想和所作所为,如同我们的分内之事一般。

我们从这一忧虑出发,扪心自问:或许其他民族得益于更有利的政治命运,因而更加幸运?或许他们也会犯下和我们一样的错误,但却不会造成把我们拖入深渊的这般灾难性的后果?

他们会拒绝听从来自于我们,一些厄运缠身的堕落之徒的警告。他们或许不会理解,甚至会觉得这是一种狂妄之举——德国人竟然在操心不由自身,而由他们掌握的历史进程。但事实就是如此。可怕的想象像噩梦一般压在我们心头:假如有朝一日,在美国出现了希特勒那样的独裁统治,那么一切就走到了终点。在无法预见的漫长未来,一切都会毫无指望。身在德国的我们还能指望来自外部的解放,但当有朝一日,独裁降临美国,内部的解放绝无可能发生。而当英语世界像从前的我们那样被独裁由内向外征服时,也就不再存在所谓的外部,不再会有解放的发生。在欧洲,人们曾花费数百乃至数千年时间争取并最终获得的自由会成为过去。在现代技术手段的加持之下,原始的专制主义卷土重来。人类倒也不至于因此而彻底跌入毫无自由的深渊,但这一安慰需以漫长时日为基础。用柏拉图的话说:在无尽的时间不断行进的过程中,这里或那里,可能发生的事终将变成现实,甚至反复变成现实。我们带着深深的恐惧,注视他人身陷道德优越感带来的各种感受之中。然而,谁在面对危险的时候感到绝对安全,谁就已经走在了陷入危险的道路之上。德国的命运对所有人都是经验教训。多么希望人们能够彻底理解它!我们不是低人一等的种族。世界各地的人都有相似的特质。世界各地都有一小撮能量充沛但却爱好暴力与违法犯罪的狂热分子,他们一旦抓住机会，就会建立专制政权，而后施行残酷的统治。

胜者的自信会令我们被忧虑笼罩。因为从现在起，对于事物发展产生决定性影响的全部责任都在他们肩上。究竟是成功地防患于未然，还是再度招致新的不幸，将完全取决于他们。从现在起，可能成为他们罪责的事，也一并是我们与他们的灾难。在事关全人类的问题上，他们现在必须为自己的所作所为加倍负责。如果不斩断邪恶的链条，胜利者将身陷与我们当时同样的形势。但这一次，他们将拖着全人类一起。人类思想的短视性是巨大的危险，尤其是当它化身为淹没一切的流行观点，以势不可挡的浪潮席卷世界时。上帝在人间的工具不是上帝的化身。采用以恶制恶的手段去惩罚囚犯，而非狱卒，依然是在作恶，并且制造出新的不幸。

如果我们追溯自己身上的罪责直至其起源之处，就会碰上人类生存的边界。它在德国人的命运中表现为一种可怕而独特的内疚，但在人之为人的层面上，它代表着一种可能性[19]。

谈论德国罪责时，有人会说：这是所有人的罪责——对于邪恶在德国的位置上爆发，世界各地所有隐藏之恶都难辞其咎。

事实上，这是我们德国人想要借人之为人的罪责减轻自身罪责时,给自己找到的错误借口。这样的思想不会减轻,只会加深我们的罪责。

原罪的问题不应成为逃避德国罪责的借口。知晓原罪不等于理解德国罪责。但是,承认宗教意义上的原罪也不应被伪装成承认错误的德国集体罪责。不应在扭曲事实的含混不清中,用一个问题替代另一个问题。

我们无意于指责他人。但是,作为曾经陷入其中的人,我们难免忧虑。而在与这份忧虑保持距离,清醒过来,进行反思的时候,我们会想:但愿其他人不会走上这样的道路。

现在,历史掀开了新的一页。从现在开始,战胜国的肩上背负着对正在发生之事的责任。

## 第三节 我们的净化

一个民族觉知并反思自身的历史,似乎与个体进行自我反省是两回事。但是,后者是实现前者的必经之路。人与人的交谈会塑造共识。只要交谈得出的结论是真实的,就会在广泛传播的过程中成为许多人的共识,进而成为一个民族的自我意识。

这里,我们依然坚定反对集体化的思维方式。所有真正的转变都只能通过个体发生,在个体身上发生,在无数的个体中以彼此独立或互相交流的方式进行。

所有德国人都在反思自己,即使是以完全不同,甚至互相冲突的方式。我们反思自己身上的罪责与清白无辜之处,无论是纳粹分子还是其反对者,所有人都不例外。这里的"我们"指的是那些语言、出身、经历与境况相同的人。由于这种相同之处,我会产生休戚相关之感。当我使用"我们"一词时,并无任何党同伐异之意。倘若其他德国人没有罪责感,只要不涉及刑事罪责与政治连带责任,便是他们的自由。只有在主动抨击他人时,没有罪责感的人才会成为我们抨击的对象。倘若他们是在延续纳粹的思维方式,并想要以此剥夺我们身上的"德意志性";倘若他们不是在深刻地思考,仔细地倾听各种理由,而是在借助一些普遍评价,实现自己摧毁他人的盲目欲望,那么他们就是在破坏我们之间的一体性。他们拒绝在交谈之中审视自我,改进自我。

在广阔的人群中,自然平和、清晰审慎的见解并不罕见。以下事例是对这些见解的简洁再现。

一位80岁的研究者说:"在这12年中,我从未动摇过。但我也从未对自己感到满意。我一次又一次地思考,人们是否可以从对纳粹的纯粹消极反抗走向实际行动。希特勒的组织太过邪恶。"

一位年轻的纳粹反对者说:"多年以来,我们向'恐怖专制'低头,咬紧牙关,不情不愿地勉强低头。作为纳粹的对手,我们也需要一场净化,这样才能跟那些虚伪之徒划清界限。他们认为,仅凭没有加入纳粹党这一件事,自己就堪称一等公民。"

在去纳粹化的过程中,一位官员说:"我曾经逼迫自己加入纳粹党,为了让自己过上还不错的日子,为了让自己在这样的国家站稳脚跟。哪怕在内心悄悄反对纳粹统治,但作为它的受益者,当需要为此付出代价时,我没有抱怨的资格。"

## 一、逃避净化

(1) 互相指责

在参与或反对纳粹的方式与程度上,我们德国人之间存在巨大差异。每个人都要反思自己内在与外在的行为方式,并在这场德国人的危机中寻求属于自己的新生。

就连这场内在转变的开始时间也因人而异:究竟是早在1933年,1934年6月30日的谋杀之后,抑或1938年犹太教堂被焚烧之后,还是直到在战争期间,在战败的威胁下,抑或战后的崩溃中。

在如此纷杂的差异中，我们无法找到全体德国人的共性。我们必须做到，即便各自的出发点拥有本质不同，但在交谈中依然保持开放与包容。国籍或许是我们唯一的共同之处，它代表所有人为一件事而共同承担着罪责和政治连带责任：放任事态发展到1933年的那一步，并且一直活了下去。在这一点上，外部流亡者和内心流亡者没有任何区别。

巨大的差异导致了所有人互相指责的场面。只要每个人只考虑自己以及与自己类似的情况，只以自己为参照评判他人的情况，局面就会一直持续下去。令人惊讶的是，当我们受到巨大冲击、掉入情绪之中而无法自拔的时候，的确只能从自己所在的特殊环境造成的视角看待一切。当耐心在交谈中耗尽，当遭遇冷淡而粗暴的拒绝时，我们可能会感到意冷心灰。

在过去的几年里，有这样一些德国人，他们要求除自己之外的同胞成为殉道者。他们认为，我们不应当一言不发地容忍一切发生；哪怕我们的行动没有成功，至少行动的事迹会成为全体民众的精神支柱，会成为一个醒目的符号，代表被压迫的力量。1933年以来，我时常从一些朋友那里听到这样的指责，无论男女。

这些要求之所以如此令人激动，是因为其中包含着深刻的真理。但是，它却反过来为不恰当的传达方式所伤害。超验的经历只能由个人体会。一旦将它拖拽到道德说教的层面，把它变成传说，原本引人敬畏的庄严肃穆就会彻底消失。

人们用互相指责的方式来逃避自我净化。眼下恰好有一个令人难过的例子。流亡海外的人与留在德国的人在讨论中互相指责。人们大概可以把这两个群体分别称为外部流亡和内心流亡。两群人各有各的痛苦遭遇。流亡海外的人经历了语言不通和思乡之痛。来自身在纽约的德国犹太人的一个故事颇具象征意义：在他的房间里，悬挂着希特勒的画像。为什么？因为只有以这种方式，每天提醒自己，故土上等待他的是怎样的恐怖景象，他才能够控制住自己对故乡的渴念。而留在德国的人则在故土经历了孤独与无望。人们在自己的国家里遭到排挤，受到威胁，孤零零地挣扎在贫穷与困苦里。除了几个朋友之外，人人唯恐避之不及。但要麻烦这几个朋友的话，又会给自己带来新的痛苦。而这样的两群人互相指责的时候，我们只需问问自己，指责的人的心态与语气听上去是否让我们觉得舒服？我们会为这样的人拥有这样的感受而感到高兴吗？我们会认为他们是我们的榜样，认为他们身上有可以鼓励我们的昂扬斗志、自由精神和博大友爱吗？

如果答案是否定的，那么他们的话就不真实。

（2）自暴自弃与故步自封

我们对批评和指责十分敏感，我们也很容易去批评和指责他人。人们不愿意受到伤害，但又习惯于轻易对他人进行道德评判。即便一个人真正有其罪责，也不愿别人将此事说出。即使他允许人们这样做，也不愿意每个人都这样做。人们总在谴责不幸与灾难的始作俑者，大事小情都是如此。

奇怪的是，那些容易被责备刺激到的人往往也是容易陷入认罪冲动的人。这样的认罪是虚假的，因为它受本能与个人欲望的驱使。这种冲动表现有一个突出特征，那就是与作为其对立面的指责他人的倾向受到同一种权力意志的滋养。两种倾向存在于同一个人身上，因此，人们可以感觉到，认罪之人是想通过这一举动为自己的行为赋予价值，从而突显自己，压他人一头。他想要用这一举动强迫他人认罪。这样的忏悔中有一丝咄咄逼人的意味。

因此，哲学意义上，对待罪责问题首先意味着对自我的内在行动提出要求，从而消除这种敏感与冲动。

我从心理学角度描述的上述状况，如今已经是人类世界的普遍现象。德国问题的严重性与之密不可分。我们面临如下危险：在承认罪责的时候，自暴自弃地哀叹不已；在固执己见的时候，充满傲慢地拒绝交流。

有些人被眼前的现实利益所引诱。对他来说，认罪看上去好处多多。全世界都对道德败坏的德国怒不可遏，何不顺应潮流，主动认错。奉承强者，挑些他想听的话说，是人的本能。除此之外，还有一种致命倾向，即用认错来维持良好的自我感觉。在自我揭发之举背后是对不效仿自己行动的人的讨伐。显然，这样廉价的自我控诉卑劣可鄙，这样自以为是的谄媚寡廉鲜耻。

顽固而傲慢的状态则与此不同。正是由于他人的道德攻击，人们才开始变得固执己见。人们想要在所谓的内在独立之中保持自信。但是，如果没有认清关键问题，就无法真正拥有这种独立。

永恒的基本现象之中的关键问题在今日以新的形象出现：在纯粹的胜败关系中，作为被征服的一方，谁选择了生存而非死去，那么他获得真实人生体验的唯一方式，就是在下定决心选择这样的生活之时，意识到如此生活的意义。如此获得的真实，是留给他的唯一尊严。

那就是，下定决心以弱者和奴隶的身份活着是一个严肃的举动，它具有为人生奠基的意义。从中产生的转变会修正所有价值评价。作出这样的决定，就要承担相应的后果，就要忍受苦难，进行劳作。正是在这样的道路中，存在着人类灵魂的最高可能。这条路上没有不劳而获。这条路上没有顺其自然。只有清楚地认识到选择这样活下去的起源意义，才能避免自暴自弃与故步自封对我们灵魂的扭曲。净化使我们最终清楚地认识到自己作出的决定，清楚地认识到这一决定的后果。

当战败的人身上同时存在着罪责时，他们不仅需要接受自身的软弱无力，还要接受自己背负的罪责。两者必然导致对自我的重塑，而人会本能地想要逃避这种剧烈的自我转变。

出于傲慢而固执己见会导致一系列自我欺骗，无论是托词于伟大事物，还是充满激情地故作庄严。以下是一些典型的例子。

接受已发生之事是必要的，但人们会将这一举动的意义改头换面。"向我们的历史忏悔"——这样一种荒谬的说法代表的倾向是，人们允许自己悄悄地赞同邪恶，为其寻找冠冕堂皇的理由，并将之作为自己内心深处抵抗胜者的骄傲堡垒。这样的扭曲会导致人们表示："必须明白，我们的体内还存有欲望带来的原始力量，正是欲望创造了过去，而我们也必须向它忏悔，把它纳入我们的存在之中……我们已经变成了欲望与忏悔的共同体，并将一直如此下去……我们永远是，也只能是自身的全部历史，我们在自己内心背负历史的力量。"这样的一种"虔诚"将迫使德国的年轻一代重蹈覆辙。

尽管披着虔诚的外衣，但这种说法将两种不同事物混为一谈。一种是我们的历史土壤，它是我们存在的根基，我们满怀诚挚的热爱栖身于此；另一种则是发生在我们共同拥有的过去之中的全部现实事件，就其意义而言，许多事件不仅无法唤起我们内心的热爱，而且会令我们感到陌生与厌恶。

有人固然承认邪恶就是邪恶，但说出的却是这样的话语："我们必须变得足够勇敢、伟大而又温和，才能承认，是的，这种可怕的东西的确真实存在于我们内心，从过去到未来，始终如此。但是，我们有力量将它转变为创造性的成果。我们知道，自己的生命中包含着恐怖的可能性，在令人悲叹的混乱中，它成为了现实。我们热爱和敬仰自己的全部历史，带着一种虔诚，带着一种超越一切单一历史罪责的炙热感情。这就是我们心底的火山。我们知道，它随时可能喷发；但我们相信，它可以被驯化。只有我们成功节制这一力量，属于我们的自由才会为我们打开它秘密空间的最后一扇大门：在可能性给予的危险力量之中，让梦想成为现实——和所有人齐心协力,成就我们思想中最人性的行动。"

这种充满诱惑的呼吁——来自某种非理性主义造成的糟糕哲学——拒绝任何判断,要求人们直接委身于一种存在主义式的混沌。在谈论邪恶的时候,使用"压制"未免过于轻描淡写,只有"选择"才能道出问题的关键。如果没有在善恶之间作出选择,就会导致固守邪恶再度成为可能,而这必然导致"无谓的犯罪"(pecca fortiter)。这段话看似呼吁虔诚,实则与应当坚决予以否定的邪恶暗自勾连。有人认为它不过是刻画了一种徒有其表的共同体的可能性,显然是没有看清其本质。

另一种傲慢而顽固的状态则可能以美学观念的形式,对纳粹思想进行"历史哲学"式的整体赞同。纳粹的邪恶是如此一目了然,人们原本应当清醒地认识由它导致的灾祸。然而,某些故步自封的人却从中建构出一种虚假的蒙蔽心灵的宏大叙事。

"1932年春天,一位德国哲学家预言,未来十年内,世界将由苏联和美国实施两极化的政治统治。位于二者之间的德国将丧失其政治与地理意义,只能以思想大国的身份存在。

1918年的失败为更大范围内的政治稳固,为大德意志的实现提供了前景。德国历史起身反抗预言中的趋势,尽管它正在变为现实,世界正日趋向两极化发展。在反抗这一世界趋势的过程中,德国历史积蓄力量,最终形成一股孤独的拥有自我意志的洪流,朝着自己原本的民族目标奔腾而去。

根据这位德国哲学家的预言,只需十年,美苏统治世界的时代就将开始。如果预言准确,不难理解德国反击的仓促、匆忙和狂躁。德国的反抗有其内在合理性,令人着迷,但从历史发展的角度看,它来得太迟,从而形成了这样的步调。过去的几个月里,我们一同见证了这样的节奏是怎样最终陷入了孤立而纯粹的狂奔之中。——哲学家或许会不假思索地得出结论:德国历史走到了尽头,华盛顿-莫斯科时代现在开始。但是,一段像德国这样强大而充满热切渴望的历史不会轻易对一个学术结论表示认同。它会燃烧起来,在极度兴奋的抵抗和进攻中,在由信仰和仇恨交织而成的狂野骚乱中,猛烈地冲向它的终点。"

这几段话出自一位我非常赏识的年轻人。1945年夏天,他在极度的混乱与迷惘中写下了这些文字。

以上种种都绝非净化,而是在自我纠缠中越陷越深。这一类想法——无论是自暴自弃,还是故步自封——往往会给人带来片刻的解脱感。人们以为自己拥有一个稳定的根基，实际上却恰恰因此而踏入绝境。原本含混不清的情绪只能更加混乱，更加强烈，隔绝真正实现自我转变的可能性。

在所有故步自封的方式中，有一种是咄咄逼人的沉默。在无法驳斥对方的理由时，人们放弃交谈，从沉默中汲取自信，而沉默在此刻是软弱无力者最后的权力。为了让强者难堪，人们展示自己的沉默。而一旦带着重整旗鼓的盘算，人们又会把这份沉默遮掩起来。政治方面，人们的盘算主要在于夺取统治工具。世界大型工业已经可以制造出毁灭性武器。在没有参与这个领域的人看来，人们要夺取的工具或许会显得可笑。思想方面，人们则以拒绝承认罪责的方式进行自我辩护，提出诸如"时运不济""虽败犹荣""物质上的优势毫无意义""我更接近了自己内心的忠诚与英雄主义"一类的说辞。但在坚持如此表现的时候，在沉溺幻想的思考与憧憬未来的自我陶醉中，毒害内心的力量会不断滋长——"还没到施展拳脚的时候呢"……"为了那一天，那时我们就可以……"

（3）逃避：躲到正确但无关的特殊问题背后

有的人看着自己的苦难，心中想道：帮帮忙吧，别再谈什么赎罪的事了，眼前这望不到头的苦日子还不够偿还的吗？我们会听到这样或那样的说法。

"空袭的恐怖都忘了吗?它导致好几百万无辜的人失去了生命、健康和他们珍爱的全部财产。对于发生在德意志大地上的这些罪行,这难道还不算一种偿还吗?难民的痛苦冲着天空发出悲鸣,难道这还不足以让人放下武器吗?"

"我是南蒂罗尔人。三十年前,我来到德国。那时,我还是一个活力四射的年轻姑娘。德国人的苦,从头到尾,我一点没落下。我经历了一次又一次打击,付出了一次又一次代价,吃尽了苦头——现在,我感觉有人在因为我根本没犯过的错而控告我。"

"降临到整个民族身上的苦难是这样庞大,它的规模和程度是这样的难以想象。现实已然如此,人们不应该再往伤口上撒盐。民众中一定有一部分完全无罪的人,他们遭受的痛苦比一场或许公正的赎罪所要求的要多得多。"

的确,这场灾难像末日那样恐怖。每个人都在诉苦,每个人的倾诉都不无道理:那些逃出集中营的人;那些躲过了追捕与迫害的人;那些回忆着自己担惊受怕的痛苦经历的人;那些以最可怕的方式失去至亲至爱的人;在颠沛流离中绝望地活着的数以百万计的被疏散者与逃亡者;此刻遭到排挤,因而陷入困境的许多纳粹党的追随者;数年间投身战场、伤亡以百万计的美国人和其他盟军；在纳粹德国恐怖统治之下受尽折磨的欧洲人民；在陌生的语言环境与恶劣的生活条件下艰难谋生的德国移民。所有的人，每一个人。

列举各种诉苦之人时，我有意把各种不同性质的群体放在一起，目的是让人立马觉察到其中的不妥之处。就摧毁存在的根基这一点而言，这些苦难的性质或许是一样的。但是，它们处在与罪责问题的不同关联以及关联程度上，并因此而具有本质上的不同。以同样的方式宣布所有人都无辜，是不公正的。

总体而言，尽管眼下的我们处于与其他各民族相比最为深重的苦难之中，但对于直到1945年为止的各类事件的发展，我们德国人负有最大的责任。

因此，对于我们，对于我们中的每一个人，应当做到的是：我们不随随便便允许自己拥有清白无辜之感，我们不把自己视为灾祸的受害者并因此而自怜自艾，我们不因自己忍受了痛苦就期待得到赞美。我们想要对自己无情地刨根究底，问问自己，我哪里感觉错了，哪里想错了，哪里做错了。我们想要尽可能深入地探寻自己身上的罪责，而不是去深究历史事件之中或他人身上背负的罪责。我们不想逃避到苦难这个挡箭牌背后。这一切源自于我们悔过自新，想要每天都变得更好的决心。

（4）逃避：躲到普遍问题背后

当作为个体的我变得无足轻重时，一种轻松感油然而生。发生在我身上的一切是一个整体，我无力对此造成任何影响，因而不承担任何个人责任。这样的我生活在总体化的观念中，我自己的存在状态是全然无力的，无论是在被动忍耐，还是在主动参与的时候。我不再是自己生活的主体。以下是一些典型。

第一，从总体上对历史进行道德阐释，会让人们期待一种全局意义上的正义："人间善恶自有报。"

于是，我知道自己注定面对某种罪责，它由总体形势决定，我自己的行为几乎不对此产生任何影响。如果我是失败的一方，形而上学意义上的走投无路会将连同我在内的所有被征服者兜头罩住，决定我们的一切。如果我是胜利的一方，则会因胜利本身而觉得自己优于他人，进而获得道德上的满足感。这是一种不严肃对待个体自我的倾向，它使集体道德丧失动力。前一种情形中，败者以自我放弃的姿态承认罪责，从而维系个人内心的傲慢；后一种情形中，胜者以道德审判他人的方式来强化自身的傲慢。两种情形都是在逃避存在于每一个人内心的生而为人的真正使命。

然而，人类的现实经验与这种总体化历史观相反。

事物的发展过程并非一清二楚。太阳同时照耀着正义与不正义的人。幸福与否和人们的行动是否符合公序良俗也没有必然的关系。

但是，调转结论的方向，认为世界上不存在正义，则是另一种错误的总体化判断。

特定情况下，面对某个国家的态度与行动，难免会有一种强烈的感情涌上心头："不可能就这样善罢甘休"，"必须以牙还牙，以眼还眼"。然而，一旦在这种情感的冲动之下，转而寻求正义的实现，就会导致错误的发生。没有必然的正义。善好之事不会凭空出现。绝大多数情况下，补偿是缺位的。罪行与复仇既降临在有罪的人身上，也降临在无辜的人身上。如果现实情况不允许，即便是最纯粹的意志、最没有保留的真诚和最伟大的勇气也无法保证，一切努力不会付诸东流。与此同时，许多不行动的人会因他人的行动而扭转自身的形势。

尽管其中可能蕴含着形而上学意义的真理，但无论是总体化的罪责观念，还是个人不过是困在"罪责－赎罪"系统中的一环这样的想法，都会引诱个体逃避只属于他的人生使命。

第二，根据这种整体化的观念，世界上的一切最终都会走到尽头，人类所做的一切努力最终都会失败，一切都蕴含着毁灭的萌芽。这样的看法会让失败一次连着一次,共同滑入一个名为"失败"的深渊,从而剥夺了每一次失败本身的分量。

第三,人们把自己经历的灾祸理解为由所有人的罪责导致的结果,并通过将其阐释为一种独一无二的新现象,为它赋予形而上学意义,例如:在这场时代的灾难中,作为受害者的德国代表着全人类。他替所有人承受痛苦。在他身上,所有人的罪责得到了集体爆发,与此同时,他也是在替所有人赎罪。

这是一种虚假的悲壮感。它使人无法保持清醒与冷静,无法采取行动,做真正在自己能力范围内的事情,也就是改善具体的问题,实现内在的转变。每个人都应当从自我存在的核心出发创造现实,而这种遁入"审美"的方式是不负责任的逃避,它用新的方式营造出集体中的虚假自我价值感。

第四,我们德国人也遭受了巨大苦难,从这一点出发,昭告天下,所欠已经还清,似乎不失为一种摆脱罪责的方式。

这里必须区分不同的罪责类型。刑事罪责的赎罪方式是接受刑罚,政治连带责任则由和约规定其补偿规模与期限。针对这两种罪责,要偿还清楚的想法合理且正确。但是,道德罪责和形而上学罪责的本质与此不同。它们只能由集体中的个体理解和把握，因此不存在偿还清楚一说。它们不会终结。背负这两种罪责是一生之事。

我们必须作出选择，要么承担罪责，要么就此沉沦。这里的罪责不是来自外界的要求或规定，而是来自我们良知不断发出的提醒。当承担罪责成为我们德国人自我意识的基本特征，我们的灵魂会走上转变之路。而如果选择沉沦，则会深陷生活的庸常。那是一种对一切都漠不关心的单调生活。我们心中不会再萌发出探寻上帝的渴望。存在不会再向我们显现它的真面目。我们不会再聆听自己伟大诗歌、艺术、音乐与哲学中的超验意义。

净化源自罪责感的深处。对德国人而言，没有走上净化之路，就无法实现真理。

## 二、净化之路

在行动方面，净化首先意味着要进行补偿。

政治上，这意味着出于内心认同，完成以法律形式明确的赔偿工作，在自身处于物质匮乏的情况下，依然补偿遭受希特勒德国攻击的其他民族的部分损失。

除了明确合理赔偿份额的法律条款外，完成这一工作的前提条件是人口、劳动能力和就业机会。如果战胜国的政治行为破坏了这些条件,将不可避免地削弱战败国进行赔偿的政治意愿,因为这种举动不是在通过补偿谋求和平,而是在以进一步削弱对手的方式延续战争。

然而,补偿的意义不止于此。当一个人的内心为他所背负的共同罪责触动时,他会想要帮助每一个遭受独裁政权不公对待的人。

这其中有两种需要区分对待的动机。一种情况是只要身边有苦难存在,有求助的声音,无论造成苦难的原因是什么,都要求人们施以援手。另一种情况是要求给予特定人群以特殊权利,例如遭到希特勒独裁政权驱逐与劫掠的、受其折磨的以及因此而流亡海外的人。

两种要求都有其正当性,但在动机上有所区别。对所有苦难一视同仁是没有罪责感的表现。而对遭遇不同苦难的人进行区分,则是想要补偿由自身过错造成的具体问题的表现。

补偿是净化的必经之路。补偿是发自内心的行动。而只有在净化中重塑自我,才算是实现了补偿的伦理意义。

认清罪责,意味着同时认清我们的新生活及其包含的各种可能性。它让我们变得坚毅果决。

认清罪责，意味着人生不再是轻松自在、令人愉快的享受。认清罪责，意味着看到了幸福不是俯拾即是的存在，而是沉重人生之中令人感到温馨的小小奇迹。但愿我们能够在一些短暂的瞬间，在一些稍纵即逝的片刻抓住它。但除此之外，生命只被允许奉献给一个使命。

认清罪责使人谦逊。在内心深处面对超验存在，会让我们意识到自己作为人类的局限性与不完满。

然后，我们可以放下权力意志，在爱的斗争之中，探讨什么是真实的，并在这种真实之中，建立彼此之间的联结。

然后，我们可以沉默。这样的沉默不再包含攻击性。从朴素的沉默中，会清晰地浮现出可传达之事。

然后，重要的就只有真理与行动。我们将抛弃阴谋诡计，坦然接受自己的命运。无论发生什么，只要我们活着，人类在这个世界上的未竟使命就存在着。

净化是人之为人的道路。就罪责展开思考只是其中的一个片刻。推动净化的不是外部世界的行动，也不是所谓的魔法。净化更多的是一个永不终结的内在过程，一个不断成为自己的过程。净化事关我们的自由。每个人都会一再来到这个自我成长的岔路口，一边通往纯粹，一边通往混沌。

每个人的净化都不同。只能自己走自己的路。他人无法提前窥探，更不可能指引方向。那些具有普遍性的思想也只能稍稍给人以提示，或者在某一刻令人突然清醒。

此刻，在罪责讨论的尾巴上，如果我们追问，净化到底如何发生，那么除已经说过的之外，没有进一步的信息可以提供。净化不是理性意志能够实现的目的，而是内心活动带来的转变。如果用那些一再出现的模糊而宽泛的话语表达，净化就是：在努力振作的时候，照亮自己的内心，让它变得澄明，——净化是对人的爱。

就罪责而言，彻底咀嚼我们这里提出的全部思想是一种净化方式。绝不能仅凭智智引导，让思考停留在抽象层面，必须用更加生动的方式与之互动。要主动回想和消化，要结合自己的情况加以运用，或果断丢弃。这一过程及其带来的结果就是净化。当它结束时，不会再有需要补充的新念头。

净化是我们政治自由的前提条件。只有体会到罪责感，才能认识到全人类的团结一致和休戚与共。没有这样的认识，自由不可能出现。

政治自由的开端在于，民众中的大多数人感受到，作为个体的自己被与共同生活中的政治运行方式绑定在一起；个体不只是请求与抱怨，更多的是要求自己看到现实，并且拒绝出于对"人间天堂"的信仰而行动。所谓的"人间天堂"不过是一种由他人的邪恶意志与愚蠢行径组成的假想，将之引入政治，本就是一种错误。政治自由的开端还在于，个体更多地认识到，政治是在具体的世界中寻找当下可行的方法，而引导政治的则是人类关于自身存在状态的理想——自由。

简而言之，没有灵魂的净化，就没有政治的自由。

通过面对道德攻击的态度，可以判断出，我们在以罪责意识为基础的自我净化道路上走了多远。

如果我们没有罪责意识，面对他人攻击，必然会以牙还牙、以眼还眼。但是，当来自内心的震颤抓住了我们的灵魂，来自外部世界的攻击就会从我们身体表面轻轻划过。或许它还是会让我们感到痛苦和冒犯，但它再也无法穿透我们的灵魂。

如果我们内化了罪责意识，就能够平静地承受虚假和不公的指控。因为我们内心的傲慢与固执都已完全消融。

如果一个人真切地感受到自身的罪责，开始转变自我意识，那么他人的指责便不过是孩童的游戏，不带来半点伤害，因为这些指责永远无法触动他。真正的罪责感才是他内心深处无法磨灭的伤痛，迫使他的自我意识发生改变。听到这些指责的时候，人们反而会不无忧虑地感受到对方的麻木与无知。

如果没有彻底治愈我们的灵魂，让它发生转变，那么它的软弱无力只会导致我们越来越敏感。心理换位[20]导致的毒素会腐蚀我们的内心。我们必须做好迎接他人指责的准备，并在听到之后检验它们。对待攻击，我们要主动寻找，而不是刻意回避，因为这些攻击是帮助我们检查自己思想的手段。我们的内在状态会经受住这一考验。

净化使我们自由。即便在主导自己的生存方面，人类的未来发展可能取得难以估量的成就，但事物的发展过程不由任何人一手掌控。不确定性始终存在。新的灾祸，更大的灾祸依然可能发生。在罪责感的推动下开始自我转变，并不能保证我们一定会重获幸福。正是因此，我们只能通过净化变得自由，而自由不过意味着，接纳即将到来的事情。

哪怕面临灭顶之灾，依然为一线可能而不懈努力——纯粹的灵魂有能力切实地生活在这样的张力之中。

当我们将视线投向世界上的重大事件时，不妨回想耶利米的故事。在耶路撒冷被摧毁之后，在失去了国家与土地之后，在被最后一批移居埃及的犹太人牵着鼻子走之后,他还必须眼睁睁地看着他们向伊里斯献祭,希望她能够比耶和华提供更多帮助。追随他的年轻人巴录已经陷入绝望,而耶利米却答道:"耶和华如此说:我所建立的我必拆毁;我所栽植的我必拔出。你为自己图谋大事吗?不要图谋!"[21]这意味着什么?只要上帝存在,就足够了。当所有的一切都消失,而上帝存在时,这就是唯一坚实的基点。

然而,那种在死亡面前,在极限状态下才能获得的真实体验,会在人过早陷入疲惫不堪、烦躁不安、绝望不已的境地时,变成一种可怕的诱惑。那种临界状态下的镇定自若必须由坚韧的审慎支撑。它意味着,每时每刻都去谋求可能性的实现,直到生命终结。谦卑和节制是我们必须做到的部分。

# 1962年后记：
# 关于我的《罪责问题》

本书的主要内容是在 1945 年完成的。在 1946 年 1 月和 2 月的课堂宣讲之后，它得以出版。应当结合当时的写作背景来理解此书。那时，宣称德国人有罪的说法如冰雹一般，日复一日地砸向我们。那时，美国士兵被禁止与我们进行公务之外的谈话。直到那时，对于全体民众而言，纳粹德国的罪行才真正暴露出来。在那之前，就连我本人也并不了解，这些罪行的实施是何等的有条不紊，规模又是何等的庞大惊人。而那时，人们日常生活所面临的苦难又异乎寻常的巨大，无论是始终留在故土的人，遭遇驱逐的人，还是那些被从各处遣返的战俘。人们在茫然失措中沉默着，心怀隐秘的怒火，或者在短期之内迅速麻木。这是当时的常见情况。许多人竭力从战胜国那里给自己弄些好处。道德上的无所顾忌映衬着生存的悲惨。家人与朋友之间的团结一致几乎是唯一的避难所。

本书希望推动人们自省,希望帮助人们认清和接受每一种相应罪责,希望通过这样的方式,让人们找到通往尊严的道路。本书也揭示了战胜国的罪责。这一举动并不是为了撇清我们自身的责任,而是为了真理。战胜国身上可能存在的自以为是会在政治领域造成危及所有人的灾难性后果。因此,这一举动也是想要为抵制这种潜在的自负尽绵薄之力。包含这样内容的一本书能够在占领区临时政府的统治之下公开发表,表明了当时的政权在一开始为思想界所保留的自由程度之深。一个知名的美国人曾向我表示,这本书既是写给德国人,也是写给盟军的。当时我所祈望实现的,无外乎一种能够让我们德国人恢复自我意识,重新做回自己的纯粹氛围。我所写的内容想要帮助实现德国人与胜者之间的全新联结:作为同为人类的兄弟手足。

尽管当时的信息极为有限,只要有心了解,就能够知晓纳粹专制的基本特征,无论是那些挖空心思设计出来的手段,那种彻头彻尾的欺骗性,还是其无可救药的邪恶本质。因此,德国人必须改过自新,刻不容缓。直至今日,我仍然认为书中的绝大部分论述是真实的。唯一的例外是我对那时刚刚开始的纽伦堡审判的看法。在这一关键之处,我作出了错误的判断。

美国人的想法是伟大的。在当时的我们看来，似乎有什么来自未来的事物，已经在闪烁着光芒：人们会通过创造一部世界法，一种世界秩序，确保所有明确定义的罪行必定受到各个强国的合力严惩。这将彻底改变眼下的人类世界。在未来，政客、军队、官员将无法以国家的利益为名发号施令。所有国家行动，无论是在统治层面，还是在其他共同影响统治的不同层面，都将通过活生生的个人展开。从前，人们将责任推卸到国家头上，仿佛国家是一个超越人类的神圣生命体。现在，每个人都要为自己的所作所为负起责任。国家的罪行总归是某些人的罪行。服从命令是必要的，也是荣耀的，但当服从者知晓自己的服从是在犯罪时，就应终止这一举动。国家层面的宣誓效忠不应再以政治或军事机构为对象。只有当一个共同体公布了其目标与信念，并且这些目标与信念拥有充分依据时，宣誓效忠于以此为基础的宪法，或是基于此而形成的团结一致才拥有至高无上的绝对性。个人责任永无终结之时。暴力冲突时有发生，但就犯罪行为这一层面而言，事情并不复杂。当我看到了罪行的可能性或初见端倪的犯罪事实，却依然参与行动时，我的罪责已然开始。当人们喊着"只有犹大惨死，德国才能觉醒""为了大业千秋，总需人头滚落"之类的话时，当希特勒写给"波台姆帕谋杀案"[22]凶犯的那份表达个人同情的电报公开发表时,人们的良知已然开口宣判,即便那时的参与者实际上并没有进行任何犯罪活动。而后来下令实施犯罪的人或实施犯罪的人,根据纽伦堡审判的理念,将以个人的身份,受到世界各国共同体的审判。在这种威慑之下,和平将获得保障。人类将会在一种对所有人都明白易懂的伦理之中结为一体。我们的悲惨遭遇将不会再度发生:一群被自己所属的国家剥夺了尊严、践踏了人权、排挤出社会乃至伤害了性命的人,寻求不到超越国家的共同体的庇护;自由国家讨好希特勒,背叛德国人,他们的公民成群结队来到柏林参加奥林匹克运动会,在国际学术会议和文化活动上按照纳粹德国的意愿接待一些人,拒绝另一些人。德国遭遇之事将不会再度降临:西方国家不仅没有在一开始采取和平手段,团结一致地抵制1933年,尤其是1934年之后德国愈演愈烈的罪行,而是以"不干涉他国内政"为理由袖手旁观。当一国之民众与其他各国民众在文化、观念、生活态度方面如此相似之时,即便他们曾经任由自己毫无反抗之力地落入极权主义的状况有咎由自取的成分,也不应对其弃置不顾,令其独自面对实施恐怖统治的掌权者。这毕竟不是一场自然灾害。

现在，新的时代即将开始。我们寄望于推动未来发展的法庭已获成立。人类的永恒渴望促使我们展望一条理想实现之路。这个法庭还很幼稚。尽管我已年迈，对政治的反思不算少，但依然对此事有深深的关切。对我来说，当年思想上不甚清晰之处，而今已逐渐明确。我将修正自己有关纽伦堡审判的判断。

在法庭之上坐着苏联法官。也就是说，参与审判的法官之一事实上并不认同为法庭的成立提供基础的法律思想。法庭无需在地理范畴审查犯罪行为，只需审查被控之人的行为。这种对控告的自我设限在方法上排除了"未知"这一要素，从而避免了一些棘手之处。这种方法将审判的范围局限于战俘。而在战争之中，其他强国同样在缺乏军事必要性的情况下造成了破坏，但是，这些行为并没有成为审查的对象。

我在1945年时考虑到了这一点，但没有展开论述。盟军摧毁德累斯顿和维尔茨堡的荒唐行径令人震惊。尽管如此，我对自己说，或许不应以同样的标准衡量交战双方的行动。在纳粹政权举全国之力犯下累累罪行的情况下，身为其国民，或许不再有资格指望获得宽容对待。纳粹德国侵略了许多国家，并将那里的数百万人转运到德国，像对待奴隶一样强制他们劳动。火车每天来来去去，将犹太人运到终结其生命之处。西线的战事以希特勒信誓旦旦地表示"我会让这些城市彻底消失"开始——鹿特丹市中心遭到破坏，考文垂被摧毁。世界感受到了如此丧心病狂的政权带来的威胁，它侵入了欧洲的绝大部分地区。面对这一不可阻挡之势，具体的军事反击行动或许也很难再有节制。自由国家的立国之原则并不会导致有计划地执行并无军事必要的毁灭性打击，但是具体的行动机关，尤其是那些或许根本不被本国政府许可的，却会如此。这一冒进之举是在以向德国民众施加暴力的方式，打击报复德国政府对己方的暴力。假如这样的罪行能够在纽伦堡审判的法庭上受到关注与讨论，该是多么伟大的举动。它会令这场审判成为完全不同的划时代事件。我原本应当在当时就写下这一点。

起初，在英美法思想的主导下，审判以令人信服的程序展开。第一场审判中，处理被告的方法无可指摘（至于后续审判，我不会谈论）。人们要的是真理和正义。人们给出了罪行的司法定义。应当审判的是这些罪行，而不是那些需要在道德上予以谴责的行为。因此，沙赫特[23]、帕彭和弗里切[24]被无罪释放，尽管法庭上也宣读了对他们行为举动的道德判决。苏联法官出具了一份不同意见书，反对无罪释放的判决——一个颇具代表性的举动。他的法律意识过于薄弱，不足以令他区分司法与道德层面的不同界定。这位法官只以胜利者的身份进行审判，而其他法官追求并实现了对基于强权的胜者权力的自我限定。

尽管如此，我们的希望遭受了蒙蔽。伟大的想法，就像过去那些时代中诞生的一样，只是作为理念，而非现实出现。这场审判没有创造出一部为新的世界秩序奠定基础的世界法。

这场审判没有实现它预先承诺的事。后果是可怕的。从前，我这样写道："纽伦堡将成为灾难的引子，而不是人类的幸事。最终，世界会断定，这场审判不过是装模作样，不过是徒有其表。绝不能允许这样的情况发生。"而今，我无法不作出这样的判断：这场审判虽然不是装模作样，甚至在法律形式上无可指摘，但它的确徒有其表。从实际效果上看，这是一场由战胜国共同组织的，针对战败国的前所未有的审判。但是，战胜国之间的法治状况与司法意志并不统一，导致这场审判缺乏基础，适得其反。这场审判没有为法律奠定基础，反而增加了人们对于法律的不信任。考虑到事情本身的重要性，由此引发的失望之情恐怕影响深远。

我们不能抛弃这段经验教训，尤其是当我们坚持最初的伟大想法时。那些无视法律的强权依然无比强大。时至今日，人们也无法将推动纽伦堡审判时的初心——为世界的安宁奠定基础——变为现实。保障这份安宁的法律必须以强国自愿服从其约束的意志为基础。单纯出于寻求安全、摆脱恐惧的需求，无法实现这份安宁。只有怀抱对自由的渴望，不畏失败地再三努力，才能一次又一次地将它变为现实。而想要长久地拥有这份安宁，需要首先实现一种既注重秩序，又强调尊严的精神伦理生活。这样的生活是世界安宁的基础，同时也是世界安宁的意义。

# 注　释

1. 1866年6月，普奥战争爆发。1870年7月，普法战争爆发。——译者
2. 1933年1月30日，魏玛共和国总统保罗·冯·兴登堡任命希特勒为总理。为巩固自身权力，纳粹党宣布其他政党为非法组织，开始清除国内政治反对力量。1934年6月30日—7月2日，纳粹政权对党内与保守势力进行了一系列政治清洗。此次行动清除了逐渐失控的冲锋队领导者恩斯特·罗姆、大批冲锋队员以及诸多政敌，加强了国防军对希特勒的支持，巩固了希特勒的统治。1938年11月9日，冲锋队成员在全德范围内破坏犹太人财产，造成至少91名犹太人死亡。此后数月，对犹太人的限制与制裁逐步升级。——译者
3. "临界状态"（Grenzsituation）这一哲学术语首先出现于雅斯贝尔斯发表于1919年的《世界观的心理学》中。在其存在主义哲学框架内，用于指人们最终无法回避的极限状态，是人类无法改变或规避的最终处境。——译者
4. 位于德国西北部下萨克森州的一座集中营，又称贝尔根－贝尔森（Bergen-Belsen）集中营。但根据学者考据，雅斯贝尔斯这里的表述有误，此处所指海报使用的是达豪，而非贝尔森集中营的照片。（参见 Dominic Kaegi, Einleitung des Herausgebers, S. XXIII, FuBrote Ⅲ, in: Karl Jaspers Gesamtausgabe Bd. Ⅰ/23, Basel 2021, S. Ⅶ - LII.）——译者
5. 大卫·劳合·乔治（David Lloyd George, 1863—1945），英国自由党政治家。1916—1922年间领导战时内阁。在他的领导下，大英帝国于第一次世界大战中击败了德意志帝国及其盟友。——译者

135

6 罗伯特·杰克逊（Robert Jackson, 1892-1954），美国律师、法学家和政治家。1940 年任司法部部长，1941 年起担任美国最高法院助理大法官，1945 年 2 月接受杜鲁门任命，全权负责纳粹德国战争罪行的起诉工作，任美方总检察官，是纽伦堡审判的主要推动者之一。——译者
7 作者对《国际军事法庭宪章》的引用略有缩减。译文参考了〔英〕保罗·罗兰德：《纽伦堡审判》，曹永毅译，青岛出版社 2019 年版，第 29 页。——译者
8 又称《非战公约》《巴黎非战公约》，全称为《关于废弃战争作为国家政策工具的普遍公约》。该公约于 1927 年由法国外交部长白里安、美国国务卿凯洛格发起，同年 8 月 27 日由法、美、英、德、意等 15 个国家签署。至 1934 年 5 月，签字国共达 64 个。尽管公约在约束战争方面并未产生实际影响，但该公约象征着人类第一次公开表示放弃使用战争作为国家的外交政策，开启了以和平方法解决国际争端的新方向。——译者
9 绍尔兄妹，即汉斯·绍尔和索菲亚·绍尔，慕尼黑大学学生，与该校的库尔特·胡贝尔教授同属反对纳粹独裁专制的自发性抵抗组织"白玫瑰"的核心成员。该组织于 1942 年 6 月自发成立，成员以大学生为主，主要通过起草与秘密散发反纳粹传单的方式呼吁人们反抗。1943 年 2 月，在分发传单时，绍尔兄妹被捕，并于同月被判决和执行斩首。1943 年 7 月，胡贝尔教授被斩首。——译者
10 马丁·尼莫拉（Martin Niemöller, 1892-1984），德国神学家，以反纳粹的忏悔文《起初他们》而闻名。1933—1937 年间多次发表公开言论，反对纳粹推行的融合了纳粹意识形态与基督教元素的所谓"积极基督教"运动。——译者
11 德怀特·麦克唐纳德（Dwight Macdonald, 1906-1982），美国作家、社会评论家。——译者
12 汉娜·阿伦特捕捉到了这一现象，并在《有组织的罪责》（Organisierte Schuld）一文中以清晰冷静的笔触对其进行了客观描述 [*Wandlung, erster Jahrgang, Heft 4, April 1946*；该文章首次以英语发表于 1945 年 1 月的《犹太人前沿》（*Jewish Frontier*）]。
13 弗兰茨·利奥波德·冯·兰克（Franz Leopold von Ranke, 1795-1886），德国著名历史学家，西方现代历史学的奠基人之一。兰克形成了一整套完备的收集、整理、辨别史料的方法，为历史的科学化奠定了坚实基础。他所开创的"兰克学派"对当时与后世的历史学界影响深远。——译者
14 这位朋友是哲学家埃里希·弗兰克（1948 年去世）。在他抵达阿

姆斯特丹不久之后，就满怀对欧洲的渴望离开人世。
15 即《德梵政教协定》。该协定要求天主教会神父向德国总统宣誓效忠，神职人员不得参与政治活动，以此确保天主教会在德国的权利。——译者
16 弗朗茨·冯·帕彭（Franz von Papen, 1879-1969），德国政客、外交官。曾于1932年担任德国总理。1933年1月组建的希特勒内阁中，帕彭出任副总理，兼任普鲁士邦总理。1933年4月8日，帕彭抵达梵蒂冈，代表德国跟罗马天主教廷达成政教协定。——译者
17 威廉·勒普克（Wilhelm Röpke, 1899-1966），经济学家。生于德国，1933年因反对纳粹党执政，移居土耳其伊斯坦布尔，1937年移居瑞士。——译者
18 约阿希姆·冯·里宾特洛普（Joachim von Ribbentrop, 1893-1946），德国政客，纳粹党员，1938年起担任纳粹德国外交部部长。——译者
19 可参见下文"净化"相关的论述。——译者
20 可参见页边码第81页"自暴自弃与故步自封"部分的相关描述。——译者
21 译文参考《新旧约全书·耶利米书》，中国基督教三自爱国运动委员会编纂出版，1982年，第890页。——译者
22 1932年7月国会选举前后，德国境内发生了数百件纳粹分子犯下的暴行。其中，1932年8月9日至10日间的深夜，一组纳粹冲锋队成员在上西里西亚州的波台帕村以极其残暴的方式杀死了一名共产主义者，史称"波台姆帕谋杀案"。此前不久的8月9日当天，魏玛共和国政府刚刚通过法律条款，允许对出于政治动机的谋杀行为处以死刑。在此背景下，政府想要借处死凶手维护共和国的权威，而希特勒则出于相反目的公开表示了对凶手的声援。——译者
23 亚尔马·沙赫特（Hjalmar Schacht, 1877-1970），曾在希特勒政府中担任央行行长和经济部长，帮助其实现了经济复兴、再工业化和重新武装的政策。1939年政治失势，1943年离开政府，1944年在抵抗希特勒运动的密谋中被监禁于集中营。——译者
24 汉斯·弗里切（Hans Fritzsche, 1900-1953），纳粹德国期间担任国民教育与宣传部的国内新闻司司长，在戈培尔的命令下，以新闻形式向德国国民宣传和灌输纳粹意识形态。——译者

# 索 引[*]

（页码为原书页码，请参照正文中边码使用）

**G**

Gesetz(e)，法律 19, 24, 25, 40, 41, 42-44

Gnade，恩赐、恩典 40, 54；宽恕、宽宥 12, 24, 25, 31

**H**

Haftung，连带责任 20, 24, 26, 28, 29, 35, 38, 46, 52, 55, 56, 57, 58, 78, 79, 88

**I**

Instanz(en)，机关、当局 41, 48, 56；审判机关、有权裁定、有审判资格 19, 20, 29, 31, 56, 97

**K**

Kollektivdenken，集体化思维方式 57, 78

Kommunikation，交流 8, 15, 26, 47, 77

**M**

Macht，强权、权力 21, 22, 23, 25, 28, 30, 31, 41, 42, 49, 50, 52, 54, 59, 69, 84, 85, 98

Machthaber，掌权者 70, 96

Mächtige，掌握强权者、强者 11, 31, 81, 85

Menschenrechte，人权 22, 24, 30

Menschsein，人之为人 22, 24, 57, 58, 61, 75, 77, 91

Miteinanderreden，交谈 8, 9, 11, 12, 14, 15, 78, 79

Miteinandersprechen，交谈 8, 11

Mitverantwortlich，共同责任 20,

---

[*] 译者制作。

22, 46, 61
Mitverantwortung，共同责任 91

**N**

Naturrecht，自然法 19, 24, 25, 30, 41
Nürnberger Prozess，纽伦堡审判 36, 38, 44, 45, 95, 98

**R**

Recht，权利 22-25, 28-31, 33, 47, 68, 71；法律 30, 42, 44, 55, 89, 97-99
Reinigung，净化 77-79, 81, 84, 89-92

**S**

Schuld，内疚 77
 -am Kriege，战争罪责 38, 42
 -begriffe，罪责概念 19-21, 31, 56
 -bewußtsein，罪责感 23, 54, 89, 91, 92
 -frage，罪责问题 7, 16-18, 47, 56, 85, 95
 geschichtliche-，历史罪责 69, 83
 Kriegs-，战争罪责 33, 34, 36, 41
 kriminelle-，刑事罪责 19, 29, 31, 46, 56
 metaphysische-，形而上学罪责 20, 21, 23, 25, 28, 29
 Mit-，共同罪责 46, 60, 71；共同责任 59, 94
 moralische-，道德罪责 19, 20, 23, 25, 28, 29, 35, 47-50, 53-58, 88, 92
Siegermächte，胜者、战胜国 33, 69, 77, 94, 98
Solidarität，团结一体、团结一致、休戚与共 20, 26, 54, 57, 66, 70, 78, 91, 94-96

**V**

Verantwortung，责任 9, 19, 37, 44, 64, 65, 67, 76, 86, 91, 95
Verbindung，联结 42, 95
Verbrechen，罪行、犯罪行为 19-21, 23, 25-27, 32, 35-37, 40-43, 45, 46, 52, 54, 63, 69, 71, 73, 74, 94-98
Völkerrecht，国际法 24, 30, 39

**W**

Wahrheit，真理 7-10, 12, 16, 25, 26, 41-44, 52, 58, 74, 80, 88-90, 98
Wiedergutmachung/wiedergutmachen，补偿 23, 31, 41, 55, 75, 87, 89, 90

# 译后记

2022年8月,我开始断断续续翻译雅斯贝尔斯的《罪责问题》。到10月份,感觉到这样的断续不利于整体把握全书,加之全文并不算长,于是集中了一段时间,一口气译出一版,而后改之又改,方才交稿。正如王德峰老师在《时代的精神状况》一书的译后记中所言,雅斯贝尔斯"生动而又简练的语句"之中往往包含着"寓意深刻的隐喻"。这种风格使得雅斯贝尔斯的德语原文有一种深邃的静美之感。翻译之时,在确保信、达的前提下,我竭力传达这一感觉。力竭而最终效果不逮之处,还望各位读者原宥。

在我看来,写作如同用语言造一艘船,而翻译则仿佛拆掉源语言,使用目的语言,来改造这艘船,以便使其可以跨越不同文化思想的海域。本质上这是一艘船,但造船的材料发生了变化,于是造船的手法与工艺就需要格外当心。每一个理想主义的译者都想造一艘既中看又中用的船。每一个理想主义的译者也都需要竭力把握翻译的边界与自由,从而让船能够更好地航行。最终,我们的目的是造出一艘可以将思想摆渡,并且让读者不致过度晕船的船。在此过程中,由于中文与德文在句法习惯上的巨大差异,对于原文,难免破形而融意,重塑为符合中国读者阅读习惯的新表达;又由于中文与德文在概念上的一些隔阂,难免绞尽脑汁,却不得不接受没有尽善尽美的对应。此刻,我在衷心希望各位旅客都能享受这段思想之旅的同时,也虚心接受大家对我"造船手艺"的批评建议。

在翻译中,我能够感受到,雅斯贝尔斯常用一两句简洁明了的句子,一笔带过欧洲政治哲学思想史上的一些关键发展阶段。这样做是合理的。它们虽是论述的基础,但并非论述的重点。思虑再三,没有画蛇添足地为此做注。好在我们已经处于互联网的时代。好奇心旺盛的读者可以主动搜索,拓展知识边界。也欢迎有识之士在公共平台对此多做补充与交流。这样,以这本小书为契机,我们每个人都能够为理性的公共领域做出一些贡献。

我的第一部学术译作能够出版,要感谢商务印书馆的责任编辑所投入的全部帮助与支持。同时,也感谢求学以来各位师长润物无声的点拨。感谢我的家人对我的理解与鼓励。也感谢每一位读者，尤其是那些踊跃交流的。希望我们一起努力，让雅斯贝尔斯和他的宝贵思想更多地被看见。

**图书在版编目(CIP)数据**

德国的罪责问题 /(德)卡尔·雅斯贝尔斯著;李慧译.—北京:商务印书馆,2024
ISBN 978-7-100-22486-4

Ⅰ.①德… Ⅱ.①卡… ②李… Ⅲ.①刑法—研究—德国 Ⅳ.① D951.64

中国国家版本馆 CIP 数据核字(2023)第 089082 号

权利保留,侵权必究。

**德国的罪责问题**
〔德〕卡尔·雅斯贝尔斯 著
李 慧 译

商务印书馆出版
(北京王府井大街36号 邮政编码100710)
商务印书馆发行
北京盛通印刷股份有限公司印刷
ISBN 978-7-100-22486-4

2024年3月第1版　　开本 787×1092　1/32
2024年3月北京第1次印刷　印张 5⅛

定价:48.00元